年中夢求

「夢を叶える力」「よりよく生きる力」の育て方

平岡和徳

内外出版社

年中夢求

「夢を叶える力」
「よりよく生きる力」の育て方

目次

第2章　学校と育てる

第3章　地域と育てる

編集・構成――井芹貴志
装幀――――ゴトウアキヒロ
扉・表4揮毫――――平岡和徳
帯写真――――徳丸 篤史
本文写真――――平岡和徳・井芹貴志

はじめに　私の年中夢求

平岡和徳

朝5時50分。阿蘇の山々の向こうから差し込む朝日を浴び、朝練習に取り組む子ども達の様子を見ながら、大津高校のグラウンドをウォーキングすることから、私の1日は始まります。同校に赴任してから27年にわたって続けてきたこの日課は、宇城市教育長となり、総監督という立場で子ども達を見るようになった今も続いています。

私は中学を卒業する「15歳の決断」で生まれ育った熊本を離れ、勘当同然の親子関係の中、高校サッカーで日本一になることを目指して東京の帝京高校に進学しました。その背景にあったのは、厳しかった父に「認められたい」「褒められたい」という一心でした。その思いは、大学へ進んでからも、そして県教員となって郷里の熊本に帰ってきてからも、変わっていません（詳しくは、『凡事徹底〜九州の小さな町の公立高校からJリーガーが生まれ続ける理由』をご覧ください）。

平成24（2012）年に他界した私の父は、宇城市立小中学校で校長を務めた教員でした。幼い頃からたくさんの言葉を私に送ってくれましたが、私が教員となって子ども達と接する中でも大変役に立ったものを、いくつか紹介してみます。

●「人生、二度なし」（ゆえに、年中夢求）
人と接するときは、春のような温かい心で
仕事をするときは、夏のような熱い心で
物事を考えるときは、秋のような澄んだ心で
自分を改めるときは、冬のような厳しい心で

●「人生我以外皆師」
私たちは、日々出会う人たちからはもちろん、例えば澄んだ青空や燦々と降り注ぐ陽炎、爽やかに吹き抜ける風、穏やかな海、そして路傍の小石や草花からも、学びを得ることができます。年齢を重ねていくなかで、心がけ次第で、自分以外の万物すべてが「師」となり得るものです。一度の人生、夢を持ち、常に謙虚に心を開いて、日々精進していきたいものです。

●「ひたすら前へ」

人間は誰でも、前に進むようにできています。目は前を見るために便利であり、足は前に進むようにできています。私たちの心も、未来に生きるように造られているのです。夢を持ち、困難にくじけず、ファイトを出して、前進してください。応援しています。

父から受けたこうした言葉は、体育教諭として、またサッカー指導者として人づくりに関わってきた私にとって、かけがえのない指針となりました。そのおかげで、27年にわたって指導している熊本県立大津高校サッカー部からはこれまで50人ものJリーガー、そして5人の日本代表選手が誕生しました。また、選手としてはプロになれなくても、教員やコーチとして次の世代の選手を育成する優れた指導者になった教え子達も少なくありません。

私は平成29（2017）年、51歳で熊本県教員を退職し、父が仕事をした宇城市の教育長を拝命して3年目を迎えました。

これまでの経験を通じ、サッカーの指導、さらに広く言えば、スポーツをはじめとした文化が、人間教育や人材育成、地域貢献につながる要素を持っていると強く感じるようになりました。そして、わかったことがあります。

それは、「夢を持つ」ことの大切さです。夢を持つことが子どもたちの心の成長、人間的な成長につながり、自分の人生をより豊かにし、よりよく生きていく上でとても大きな意味を持つということ。そしてそれを支えるためには、家庭と学校、地域の三位一体が強く連携する必要があるということです。

毎日の限られた24時間をいかに自分流にデザインできるか。それによって、子ども達1人1人が夢の実現に向かって自己を鍛え、心を磨き、精一杯生き抜く力となるよう、「年中夢求」という言葉を使って、その大切さを伝えてきました。

そうした経験から、私なりに見えてきたこと——諦めない才能の育て方、子ども達の夢の育み方、よりよく生きる力と、夢を叶える力の育て方——をまとめたのが本書です。

児童虐待や子どもの貧困、スポーツの現場におけるパワハラや体罰、部活動のブラック化、教員の働き方改革等、子ども達を取り巻く環境においても、昨今は様々な問題が浮かび上がってきています。そうした中、家庭や学校、地域社会、つまり周りの大人達は、子ども達にどう関わっていけば良いのか。そのことを考える上で、わずかでもヒントにしていただけたら幸いです。

第1章　家庭で育てる

生活習慣がすべてのスタート

――まず、家庭での生活習慣を身につける上で、最も優先すべきことは何でしょうか？　決まった時間に寝て、決まった時間に起きるといった、毎日のサイクルを作ることですか？

平岡　将来的には、自分で24時間をデザインできるようになることが大きな目標です。それは「自立する」ということ。つまり、何でも自分で判断し、コントロールできるようになることにつながっていきます。

――根本的なことですが、何でも自分で判断し、コントロールできるようになる、その状態を目指す理由はなんでしょう。

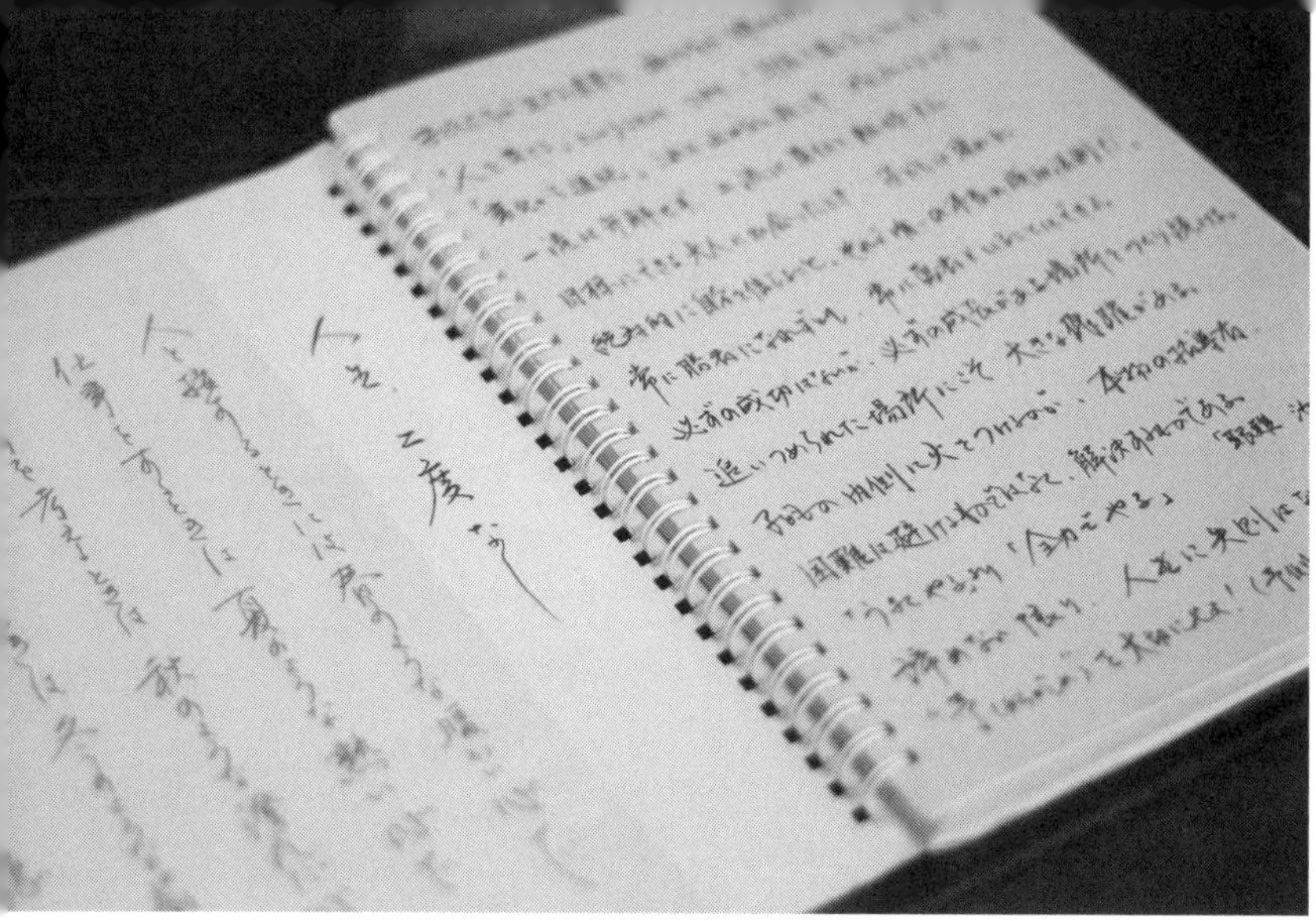

著者の手帳に書きこれまた「人生、二度なし」という言葉
仕事をするうえでのモットーなどを書き込み、常に開いて目を通す

平岡　誰でも「今日と同じように明日が来る」と思っています。しかし現実には、明日がくることは決して当たり前ではありませんよね。「今日という日は、昨日亡くなった人が本当に生きたかった日なんだ」ということを、子ども達に話すことがありますが、1日1日を大事にすることや時間を無駄にしないことが、生活習慣を身につけていくためのひとつのテーマになると思います。そこからスタートしないと、自分で「24時間をデザインできる」ようにはなりません。1日24時間は有限だけれど、その使い方は無限なんだという意識を持てるかどうか。それが、大人になるということだと思います。

――しかし、ときには無駄や余白が必要だという考え方もあります。とくに未就学児にとっては、何かに取り組んで失敗することも経験で、あらゆる時間がプラスになっているように思います。

平岡　そういう意味で、生活習慣の土台づくりは、規律を意識するような生活空間に身を置くようになり、社会性が求められる段階に入ってからになるでしょうか。保育園や幼稚園でも、年長さんになるとそういった時間が設けられたり、1人ひとりがリーダーシップを発揮することが求められるようになったりします。そうした段階になれば、生活習慣の中でも時間を大事にする、決まりや約束は守るといったことにつながっていきます。

――家庭だけでそうした習慣をつけるのは、なかなか難しいことだと思います。しかも、親にとって1人目の子どもだと、適切な接し方やしつけ方を試行錯誤しながら育てていかなくてはいけませんね。

著者近影・宇城市役所の教育長室にて

平岡　規律を守れない、ルールに従えない、感情を抑えきれず他人を傷つけてしまう、あるいは忘れ物が多いといったことは、勉強ができる能力とはまた違った部分で、社会でよりよく生きていくために改善が必要なことです。子ども達を一番近くで見ているのは親で、子ども達は逆に身近な大人を見て育ちますから、「三つ子の魂百まで」で、早いうちから大人の声掛けによって習慣をコントロールしていくことが重要です。そこから、できなかったことができるようになれば褒めてあげて、少しずつ自己肯定感を作っていけば良いと思います。

――発達障害や自閉症などについての理解も進んできたと思いますが、まだ十分とはいえず、コミュニケーションを取るのが苦手だったり、集団行動ができなかったりという子もいます。そういったことが分かった場合、保護者はショックを受けたり、あるいは自分を責めたり、不安を感じたりするケースもあるかと思います。保護者としても内向きになるのではなく外へ視線を向けて、第三者の意見やアドバイスを受け入れることが有効だと。

平岡　心療内科のほか、スクールカウンセラー（SC）やアドバイザー（AD）、スクールソーシャルワーカー（SSW）といった専門性の高い人に診てもらうことで早期発見、早期対応ができれば、どんどん改善できる可能性があります。子ども達には多様性があって、1人ひとり、違うからこそ、関わる大人の数を多角的に増やさなければいけません。発達障害などの早めの発見、対応をするには家庭だけでは難しい面がありますし、学校だけでも難しい。それなら、スポーツや音楽、絵など好きなことを通して働きかけられるよう、いろんな場所、機会を提供してあげて、関わる大人の数を増やしながら、子ども達の安心と安全、安定を整えることが大切だと思います。

「言われてやる」から「自主的にやる」、そして「夢中になる」へ

――先生が指導されている大津高校サッカー部では、15歳で入学してきたときに生活習慣のリセットが必要な生徒もいるとおっしゃっていました。生活習慣を身につけるために家庭で必要な働きかけはどんなものでしょうか？

平岡　生きるために必要なこと、とくに「よりよく生きるためには、こういうことをちゃんとしておいた方がいいんだよ」と教えることの原点は、家庭にあると思っています。学習面に限ったことではなく、食育なども大事なことです。失敗しない子どもはいませんから、失敗の経験を通じて、なんでも主体的にできるという子ども達を作っていくことが重要です。

褒められることを繰り返す中で達成感や自己肯定感を積み上げていくことができれば、課題発見能力や問題解決能力が高まり、「目標を持ってよりよく生きるためには、こうすればいいんだな」といった気づきの量が増え、行動が変わってきます。それも、生活習慣を身につけることにつながっていくのではないでしょうか。

――目標の実現に向けては、学習習慣を身につけることも大切だと思います。なかなか勉強に気持ちが向かない子どもには、どうしたらいいでしょうか？

平岡　私が子どもだった頃、「勉強しろ」と言われたことはありませんでしたが、「親から認められたい」という気持ちはありました。スポーツだけではなくて勉強もやらなきゃいけない、「自分引くサッカー、イコール０（ゼロ）ではいけないんだ」と感じていたように思います。

――先生のように自主的に勉強する子は、どちらかといえば少数派のように思います（笑）。

平岡　でも、母親はよく言っていましたよ。父親との役割分担があったんでしょうね。ただ、「いい加減に勉強しなさいよ」と言われた時には、「学校で毎日、すごい先生たちに6時間も習っているんだから、今は好きなサッカーをやりたい」「今は寝たい」と答えていました（笑）。プロの先生たちに毎日6時間習っているということは、1日の4分の1は勉強しているわけですから（笑）。人間は「言われてからやる」というのがスタートで、興味を持つと「自分から進んで自主的にやる」ようになり、次は、「もっとうまくなりたい」と努力するようになります。そして、努力してもっと面白くなってきたら、今度は「夢中になる」という段階になる。

――ということは、「夢中になる」前の段階として、自主的にやる段階に進むためにも、子どもの興味をひくような、大人の仕掛けが必要になりますね。

平岡　例えば、小さい時から興味関心を持って夢中になれるものは何か、どんなことに集中力を発揮できているかを知っておくことが大切です。小さなものでも、子ども達のサインに気づいたら、「この子は今はまだ大丈夫だな」とか、「少しバランスを崩しているな」ということもわかります。

――好きなことに夢中になれるエネルギーを、どうすれば勉強に向けられるでしょうか？

平岡　それは成長のための両輪なんですね。夢中になっていることの車輪が大きいのに、もう片方の勉強の車輪が小さければ、前に進んでいるように見えても同じところをぐるぐる回っているだけですから、しっかりと前に進むよう、勉強の方の車輪も大きくして、追いつかせないといけない。「あなたはこっちの車輪は素晴らしいから、こっちを大きくして追いつかせれば、もっともっと成長の加速力がつくよ」と褒めてあげることによって、勉強にも夢中になれる。本人が見えていないものを、大人がビジョンとして示してあげる事が大事なんです。

――そういった働きかけは家庭でもできたとして、やはり学校での授業をしっかり聞いて、吸収することが重要になりますね。

平岡　学校の授業をしっかり受けることが、子ども達にとっては1つのテーマなんですよね。それに対して、「子ども達の未来に触れている」という自覚の中で本気のオーラを出して、授業で学習効果を上げていけるのが、プロフェッショナルな先生なんだと思います。それがうまくかみ合えば、学校の6時間の授業で十分だと思いませんか（笑）。

——それで理解できる子なら十分でしょうか。

平岡　学ぶことの中心は、まず授業なんです。ですから、学校の授業に集中できることが重要だし、そこでわからないことがあれば、先生に質問して解決するというふうに、学校の中で全部終わらせるのが理想ですね。

——しかし例えば、テストの点数が低いと、やはり親としては「やらないからでしょう」「もっと勉強しなさい」と言ってしまいそうですね。

平岡　良くないのは、「中学生になったんだから勉強しなさい」とか、「もう高校生なんだから、そんなんじゃダメでしょ」と言ってしまうことです。学習習慣を身につけるにも、スポーツと同様に連続性が必要なんです。

――結局、内側から変わらなければ「自主的にやる」「努力する」「夢中になる」という段階には進まないから、そのための働きかけ、言葉かけが必要だと。

平岡　夢中になることでしか、変化は進化に変わらないと思うんです。

――一方で、例えば成績が少し伸びたり、学年での順位が上がったりした時は、そこで満足してしまう子もいますね。向上心が低い場合はどうしたらいいでしょうか?

平岡　私の父は、「●●君はもっと頑張っているよ」と、私が目標にしていた先輩の名前を出して、刺激を与えてくれていました。子どもからは見えない部分を紹介してあげるのも有効かもしれません。子どもにとっては、自分の未来はよく見えないものです。だったら、「現状で満足して安心するのではなくて、今の取組み続けて積み上げていくことで、もっと良くなっていくよ」とか、「もっと先には、すごい自分が待っているよ」ということを伝えてあげてはどうでしょうか。保護者や先生、所属しているスポーツクラブの指導者など、大人がかける言葉の全てがプラスに働くようになるには、本人の目と耳を鍛える作業を日常的にやっていくことも大切です。そのためにも、学校の授業も含めて、人の話をきちんと聴くことが大切なんですね。

目と耳を鍛えることの意味

――言われたことをエネルギーにして、「もっと頑張ろう」と前向きになれる素直さを育むには、親や先生など大人との良好な関係も必要だと思います。

平岡　ですから、一番近くで見ている大人は、「こういう言葉をかけると本気を出すんだな」、「こういう時には、こういう声をかければいいんだな」と、観察しておかなくてはいけません。そうした材料は、近くで見ている親が一番持っているはずです。

――親としても子どもを尊重して、意見にしっかり耳を傾けつつ、観察しておかなければいけない。

平岡　目の前の子ども達をリスペクトすることはとても重要で、子ども達に気づかせて判断させ、行動しやすい環境を作ってあげることが必要だと思います。塾に行かせたり習い事をさせたり、ただ単にお金を払って場所や機会を提供するだけではなくて、子ども達が「こうしたい」と思っていることや、習い事なら「今日はこれが良くできたけど、こっちはがダメだった」といった感想を持っている時に、それを聞いてあげる。そういった日常のコミュニケーションと環境が大切でしょう。その時にも、イエスかノーで答えられる問いかけではなく、子ども達が自分で気持ちを整理して、人に伝えるという習慣がつけられるような聞き方をする。そして、それを見守ることによって、「この子が自分で考えて決断したんだな、だったら次も応援してあげよう」というふうになるのではないかと思います。親の意見が優先されると、子ども達は自分で考えることをしなくなり、楽になってしまいます。しかし社会に出れば、自分で考え、決めなければいけないことが数多くありますよね。相手が何を考えているのかを考えて、自分は何をすべきか考えて、行動を決めていく。考えることを習慣化していけば、単なる行動力ではなく「考動力」を磨いていくことになるんです。

——そういう点でも、目と耳を鍛えることが大切だと。

平岡　目と耳が、情報の入り口ですからね。

——たとえば、「お母さんが忙しそうだな」と感じることができれば、家事の手伝いを進んでやれるようになったり、身近な人が困っていそうだと気づけば、手助けできたりしますね。家族で食卓を囲んでいるときに、言われなくても醤油をとってあげるとか、そうしたちょっとしたことでも気がつくようになります。

平岡　そういうことです。２０１６年に起きた熊本地震の後、私が当時勤務していた県立大津高校が早期に学校を再開できたのは、そういう子ども達がたくさんいたからでした。「自分はいま、何をすべきか」という判断の中で、学校だけでなく地域にも貢献してくれました。それができた理由は、生活習慣のベースを家庭教育の中で積み上げて、目と耳を鍛えてきた生徒達がいたからだと感じています。「艱難《かんなん》、汝《なんじ》を玉《たま》にす」という故事ではありませんが、子ども達が苦しい時に新しいものを創り出す、大きなエネルギーになったと思います。

感動する心と感謝の心

――「いま、自分には何が必要で、どんな行動が求められているのか」を習慣として常に考えることは、大人にとっても有効だと思います。しかし、頭では分かっていても、なかなか行動できないケースもあります。行動できるようにするには、何が必要なのでしょう？

平岡　たとえば、「ありがとう」とか、「すみません」とか、「頑張ったね」とか、1秒あれば言えるような言葉がありますね。そういう言葉は、ある種の報酬的な側面を持っていると思うんです。ちょっとしたことでも、周りの身近な人から「ありがとう」と言われたら、誰だって嬉しいものです。「『ありがとう』をたくさん言えば、ストレスがなくなるよ」と子ども達にも話しますが、それは、誰かに「ありがとう」と言うことで、それが自分に返ってくるからなんです。「ありがとう」と言ったら、「ありがとう」が返ってくる。そういう空間にいる子ども達は、「人のために何かしてあげよう」と感じることが当たり前になってくるのではないかと思います。それは大人も同じではないでしょうか。

――確かに、日常的にそういう言葉を聞いている人の方が、自然に言えているかもしれませんね。

平岡　家庭の中で、親に「ありがとう」と言う習慣がなくても、その習慣を子どもが家庭に持ち込めば親も変わりますし、当たり前のように「ありがとう」と言えるようになります。それが重なっていくと、人間関係もスムーズになりますよね。

――「ありがとう」の連鎖ですね。お礼のひとこともそうだし、褒めることばもコミュニケーションをひらく1つだと。

平岡　それが、感謝する気持ちにもなっていきます。人間はやっぱり、誰かに「ありがとう」

と言われること、人に感謝されることで脳が高揚して、モチベーションが上がると思うんですね。

――そうすると、なんでもないことでも、もっと気軽に「ありがとう」と言っていいのかもしれませんね。極端に言えば、「今日も生きててくれてありがとう」と言えるし、その原点は、「生まれてきてくれてありがとう」であり、「産んでくれてありがとう」ということにもなりますか。

平岡　本当にそうなんです。そういう意味では、「ありがとう」という言葉こそ、生活習慣の基本かもしれません。スポーツ選手がメダルを取ったとき、お母

「ありがとう」という文字で「夢」をかたどった著者の書。最近は色紙を依頼されてこれを書く

さんに対して「産んでくれてありがとう」とコメントしたりします。講演の際には、「あなたが泣きながら生まれてくる時、周りの人は笑っていた。反対に、あなたが微笑みながら亡くなる時、周りの人は泣いている、そんな人生を送りなさい」という言葉を紹介することもあります。「ありがとう」という言葉を笑顔で自然に言える子たちは気持ちがいいですし、可愛いですよ（笑）。言われた方は、「その子たちのためになんとかしてあげたい」という気持ちにもなります。「ありがとう」という言葉と笑顔、その2つは、子ども達が変われる大きな武器だと思います。小学校低学年の子ども達を受け持つ先生は、子ども達がそれを自然と言うから、「もっとこの子たちのために頑張ろう」と思えるのかもしれません（笑）。それが大人になるにつれ、「ありがとう」と言わない、笑わず、ふてくされて、舌打ちをする……。そうなってしまうと、「あいつのために何か言うのはやめておこう」と、応援者は減っていくに決まっていきます。笑顔で「ありがとう」と言われたら、「次もまた何かしてあげたい」という風に、物事が好転するエネルギーに変わると思うんです。

——家庭環境の面では、両親の離婚も珍しいことではなくなりました。父子家庭、母子家庭ならではの大変さもあろうかと思います。

平岡　しかし、そうした家庭環境で育った子ども達の方が自立が早く、夢の実現に向けて努力しているケースもあります。早く一人前になって母親に家を建ててあげたいとか、早く楽にしてあげたいといった、家族思いの面が成長にもつながっている。スポーツ選手でも、親に対して感謝の気持ちを持てない選手はどんどん淘汰されていくでしょう。スポーツには協調性や仲間を思いやる気持ちも必要ですから、どう人間力を表現するかで、仲間が増えたり減ったりします。感動する心と感謝する心が備われば成長のスピードが加速しますし、感謝できる心を持っている人間なら、親に暴力を振るったり、物を壊したりはしませんよね。

——シングルの家庭で、親が仕事で忙しく、顔を見てコミュニケーション取る時間が十分になかったとしても、親が苦労していることは子どももわかっていると。

平岡　そういうケースでも、親はそう思わせない努力をしていますよ。一番大事なのは親と子の距離で、それは一緒に過ごす時間の長さではなく、濃さだと思います。ただ、小さい時のスキンシップはとても重要で、「この距離に自分を守ってくれる人がいる」という確認を増やしていくことが、安心感にもつながっていきますよね。

――ただ、一方では、個人競技のスポーツや芸能界などで成功するには、協調性よりライバルを蹴落とすような競争心も必要になりませんか？

平岡　小さい頃からその子を見て、「この子には協調性があまりないな」と感じたら、ネガティブな点としてではなく、特性として捉えてはどうでしょう。最低限の協調性は必要です。しかしそれを強要しすぎては、一番大事なその子のパワーが削がれてしまうことになるかもしれません。仲間同士で何かをするとき、成功したらみんなで喜んで、失敗したら力を合わせて課題に取り組むような、社会に出て組織の中で動くための距離感や協調性、社会性は、学校生活でも勉強する機会があると思うんですね。ですから、今の時点で協調性がなくても、少しずつ、段階的に教えて高めていければいい。協調性がないからダメだというわけではなくて、タイミングよく教えて身につければ、ストロングな部分がもっと生きると思います。

——今だけを見るのではなく、将来も見なければいけないということですね。

平岡　牙《きば》は抜かない程度に磨くことが大切です。その子がせっかく持っている牙を折ってしまったら、その牙はもう生えてきません。抜いてしまえば、本人にとっての武器がなくなってしまいますから。

ホンモノを見せる

——では、何に対してなら子どもが夢中になり興味を持てるのか、あるいはこの子には何が向いているのか、そういった特性は、どうやって見出せば良いでしょうか。

平岡　「本物を見せる」ことが大切だと思います。この子が本物を見たらどう変わるのかな、ということを観察するんです。100人が100人、同じものを見て刺激を受けるわけではありません。ですから、早いうちから一つに決めるのではなくて、たくさんの本物に触れさせてあげることとです。小さい時にあの人に会ったから、あの絵を見たから、あの音楽に触れたから、ということが、その後を決めるきっかけになることがあります。ですから、感じる心を作ってあげることが大事です。いいものが目に映っても、いい音楽が聞こえてきても、感じる心がなく自分のフィルターにひっかからなければ、響かないし残らないでしょう。絵や音楽を認識して感動できるということも、1つの才能だと思います。

――親としては、そうした興味関心の対象を見逃さないようにしなければいけないと。

平岡　それを確認するため必要なことは何かといえば、「子どもが無我夢中になってやれることは何か」を、親が理解することだと思います。それが分かれば、「次はこういう環境を整えてあげよう」、「ここを伸ばしてあげよう」というものができてきますし、さらに伸ばすために「次はこういった本物を見せてみよう」というふうに、幅を広げていくことができます。子どもには、無我夢中になって、時間を忘れて取り組めることが必ずあるので、まずはそこをしっかりと見てあげなければいけない。それが、新学習指導要領で謳われている「主体的で、対話的で、深い学び」にも繋がっていくと思います。全部が「やらされている」になってしまうと、よくなるのは返事だけ、ということになってしまいます。

教育長となった後、吉永小百合さんを講演に招いた。これも「本物を見せる」ことの一環

——早いうちに、そういう機会を作ってあげることが必要だということですね。

平岡　精神的な体験をすることは難しいかもしれません。しかし、夢中になれることを見つけることはできます。たとえば、これまでに大津高校を卒業してプロサッカー選手になった教え子のうち何人かは、体育幼稚園に通っていました。小さい時から体を動かすことが得意で、幼稚園で思いきり体を動かす楽しさを知り、様々な競技に触れた中でサッカーという種目を選び、「もっと上手くなりたい」という思いでクラブチームに進んで、「もっと活躍したい」「成長したい」と大津高校に入学し、「もっともっと高いレベルでサッカーを頑張りたい」ということで、次のカテゴリーに進んでいきました。本人たちが「自分はこれを武器に成長するんだ」という思いを持って、進むべき道を決めていったのだと思いますが、その入口は家庭教育にもあったのだろうと思うんですね。自信を持って社会にチャレンジし、自信を持って前に進めるようになるには、「どんな困難に遭っても、自分で選んだ道だから」、「自分はこれが大好きだから」という理由で、乗り越えていけることが理想的なんです。15歳で自分のことを決断できる子どもは、その後の人生についても全て自分で決断していけるでしょう。ではなぜ15歳で決断できたのかといえば、それ以前のところでも、親がコントロールをしつつ、本人の考えや言うことを信頼、尊重し、応援団になってサポートしてきたからだと思います。

――親はあくまでサポートに徹すると。

平岡　子どもは、自分がやりたいという天性の何かを持って生まれてきていると思うんです。親はそれを見つけて、保護しながら協力していくことが大事だということですね。「本物はこれですよ」というのを見せてあげたり、「この場所に行けば才能がもっと開かれるよ」というアドバイスをしてあげるには、自分の子どもをどこに導いていくかというビジョンが必要です。将来像やビジョンがなければ、目の前の局面で起きる成功と失敗を表面的に見るしかありませんから、成功した時には拍手して褒めてあげることができても、失敗した時や不安を感じている時には「どうしたらいいんだろう」となる。でもビジョンがあれば、「この失敗は、あそこに向かうための成長につながる失敗だから、大丈夫だ」という余裕が持てるのではないでしょうか。

失敗から学び、失敗を糧にする

――冒頭でも、「失敗しない子どもはいない」という話がありました。失敗をどのように活かせば、成功につなげられるでしょうか。

平岡　子ども達には、「失敗は恥ではなく、それを認めないのが恥であり、失敗することが愚かなのではなく、そこから学ばないのが愚かなんだよ」と話します。子ども達がチャレンジしない理由は、「失敗したらどうしよう」という不安や恐怖があるからなんですね。つまりそうした不安を増長するコーチングや保護者のコミュニケーションスキルは、絶対的に子ども達の未来を狭くしてしまいます。安定、安心、安全という「3A」の環境を作ることで不安や恐怖を取り除ければ、子ども達のチャレンジする力、失敗を恐れないメンタリティが育っていきます。そうすることによって、子ども達は前に進めるようになっていくと思います。

――まず家庭の中でこそ、そういう環境を整えるというか、先ほどあったビジョンを持たなくてはいけませんね。

平岡　人を作るということは、「自信を育てる」ことだと思います。同じことにトライするにも、安心、安定、安全な場所の方が、成功の確率はより上がります。逆に、不安や恐怖が大きければ成功の確率は下がり、前には進めなくなってしまいますからね。

――失敗を恐れず、チャレンジすることが大事だということですよね。

平岡　もし結果が失敗であっても、「大丈夫だよ」「よく頑張った」「次も頑張れ」と応援してあげれば、成功へ導くようなサポート、アプローチとなり、それが自己肯定感を構築していくでしょう。壁にぶつかる、とよく言いますが、壁はみんなに同じタイミングで来るわけではありません。それに、壁がこっちに向かってくるわけではなくて、自分が前に進んでいるから壁にぶつかるわけです。それを乗り越えようと思うか、諦めてしまうのかが、差になっていくんですね。大津高校サッカー部では、「壁はそうやって越えていくんだ」という言い方をして、諦めない人間を育ててきました。若い時には、いかにポジティブに前に進むエネルギーを作るかが大事ですから、周りの大人が「大丈夫か!?」と心配しすぎて過保護になってしまったら、本人がチャレンジしなくなってしまいます。

――考えてみれば、誰でも歩き始める時は、何度転んでも立ち上がって、挑戦します。その時、親はやっぱり、「がんばれ!」と応援していますね。

平岡　失敗したことを次の成功につなげる、そういう小さな習慣の積み上げが、社会に出てから理不尽さに耐える強さになったり、社会の中で機能して存在感を発揮する土台のひとつになったりすると思います。苦労しながら身につけたことは、生きる力に変わっていく。無人島に漂着した親子がいて、「子どものためだ」と親が魚を獲ってあげるだけでは、子どもに生きる力はつきません。それよりも魚の獲り方、船の作り方などを教える方が、1人でも生きていける力を身につけることにつながります。

水を与えすぎてはいけない

——要は、面倒を見すぎてはいけないと。

平岡　間違えると過保護につながりますし、子ども達がチャレンジする力を失うと、課題発見能力や問題解決能力を成長させることができなくなります。「自分が生きているうちに、不自由がないように子どもに対してできることは全てやってあげよう」という、親としての考え方も理解できます。しかし、一般的には親の方が先に亡くなるわけですから、時に厳しい接し方をすることになっても、魚を獲って食べさせるのではなく、魚を獲る技術を教え、船を作る技術を教える方が理想的ではないでしょうか。ブラジルのことわざに「水をやりすぎた木は枯れる」とあるように、なんでも親がやってあげた子どもは、表面的には成長した大人になっていても、実は根がしっかりと育っていないんです。

——自転車を例にとっても、大人がずっと後ろを支えておくわけにはいきませんし、いつかは手を離さなければ、自分1人で乗れるようにはなりませんね。

平岡　子どもが何かに挑戦して失敗したり、スポーツで負けて悔しい思いをしているとします。そういう時は、子どもが成長する大きなチャンスです。苦しんでいるかもしれないけれど、人間として成長しようとしているときに、「かわいそうだ」とか「本人のためを思って」と、転ばぬ先の杖を作りすぎてしまうと、成長できるせっかくの機会を奪うことになって、才能がある子どもも達であっても、そこで成長が止まってしまいかねません。

——近年は人権教育も進んできていますが、個々の権利を尊重し過ぎると、主張が強くなりすぎて、逆にストレスやショックへの耐性が弱まっていくのではという見解もあるそうです。そのバランスはどうしたら良いでしょう?

平岡　人権は絶対に保護されなければいけません。しかしそれが過保護になってしまったら、問題解決能力が発達しないまま、子ども自身が子ども達の中で解決しないといけないことも、消極的になってしまえば、やっぱり弱い人間を作ってしまうことになると思います。ですから、そういう現象を作っているのは、やっぱり大人なんですね。

——保護と過保護の境界はどんなところにありますか?

平岡　ハンディキャップを持っていたり、発達障害だったり、支援が必要な子もいますから、保護と過保護の分かれ目は、相対する目の前の子ども達それぞれの特性によって変わってくると思います。むしろ、ハンディキャップを持っている子の方が、「俺はなんでも自分でできる」という強い気持ちを持って、積極的にチャレンジする場合もありますよね。東京パラリンピックを目指す青年が、こんなことを言っていました。「私たちは、どういう体で生まれてくるか決められません。しかし、どういう人になるかは決めることができる。私はメダルを目指して努力する人間でありたい」と。この夢の実現に向けた毎日のチャレンジはまちがいなく、「生きる力」を進化させていきます。それとは逆に、夢を持てず、何事にも消極的でチャレンジしなくなったら、人間はどんどん弱化していきます。過保護はチャレンジする機会を奪うことですから、そういうところが境界になるのではないでしょうか。

――親の関わり方として、応援やサポートをしながら「この子はこの道を進んでいくのがいいんだな」という方向性が見えてきたとして、たとえば希望の学校に合格したり、小さくても結果が出せたりすれば安心します。しかし実際の人生では、その後にもっと大きな壁にぶつかったり、方向転換する必要性が出てきたりすることもありますね。

平岡　そのときに必要なのも「自分フィルター」です。こんな話を思い出しました。

あるところに、ノーベル賞受賞者がたくさん出る地域がありました。そこへ、教育熱心な母親たちがバスツアーで視察に訪れました。到着したのは、とても古い家ばかりの、自給自足の村。教育にもあまりお金をかけていないような環境で、本当にノーベル賞をもらう子が育っているんだろうか。母親たちは疑心暗鬼になりながら、１件の家で聞きました。

「どうやって子どもさんが医学賞をもらうほどになったのですか？　秘訣があれば教えてください」

するとその家の母親はこう答えたそうです。

「一緒にお風呂に入っていました」

「それだけですか？」と誰もが思いました。

その母親は続けました。

「あるとき子どもに、どうして目はこんなに小さいのに、こんなにたくさんのものが見えるの？　と聞かれたのです」

「なんと答えたのですか？」

「それは私も知らないから、あなたのその才能を生かして、私に分かるように教えてくれる？」

その言葉がきっかけで、その子は夢中に勉強して医者になったそうです。

また、兄弟ともに優秀な別の家庭の母親は、「お互いに勉強を教え合っている姿を黙って見ているだけでした」と、教えてくれました。


…………………………………………

「なんとかしてあげよう」「子どものために何をすればいいんだろう」と親は考えるものです。しかし子ども達は小さいながらに、「親に喜んでもらいたい」、「認めてもらいたい」、「僕が家を建てて、親に楽な暮らしをさせてあげたい」といった具体的な夢や目標を作って邁進し、無我夢中で頑張る力を持っているということだと思います。子ども達が夢中に勉強している様子を黙って見守る、「私は知らないから、あなたが勉強して教えてくれる？」と言ってあげられる、そういう、「子ども達が本気を出して頑張れるような環境を作ってあげる」ことが、一番大事なことではないかと思いますね。

――水を与えすぎてもダメで、整えるべきは、立派な勉強部屋や机といった環境ではなく、サポートする側の態勢や姿勢だということですね。

平岡　子どもには、自分から進んで「こうなりたい」という目標を構築するエネルギーがあると思います。親が子ども達のストロングポイントを理解して、『親』という文字の通り「木の上に立って見る」という作業が必要なんです。人を作る環境には、先天的なものと後天的なものがありますが、我々、周りの大人がコントロールできるのは後天的なものです。そこを工夫すれば、考えることを日常化させたり、感謝する気持ちや感動する気持ちを育んだりすることは可能です。子ども達は誰もが大きな可能性を持っていて、その可能性を未来に繋げるために、家庭と学校、そして地域が担う役割が重要だということなんです。子ども達はたくさんの夢を持って、「0から1」を作ろうとしています。大人がそれをどう認識して、夢の実現をサポートするか。それが、家庭、学校、社会に共通するテーマになるんですよね。

「大丈夫？」と聞かない

――失敗を通して学び、考えて行動する力や問題解決能力、判断力も身についてくると、確かに自信になっていきますね。

平岡　子ども達が自発的な判断をできるようになると、大人は「大丈夫？」と聞かなくてよくなるんです。「大丈夫？」と使うのは、子どもが本当に困っていて、自信をなくしそうな時でしょうか。

――確かに、「大丈夫？」と聞かれると、「あれ？　本当に大丈夫なのかな？」と思ってしまいます。

平岡　「君がこれまでやってきたことは素晴らしいことだから、大丈夫！」という使い方のほうが理想です。安心感を作るための「大丈夫！」であって、不安を増長する「大丈夫？」ではないということですね。同じ言葉でも、最後のイントネーションを上げるか下げるかで伝わり方は変わりますし、それがチャレンジのパフォーマンスに関係し、ひいては子ども達の成長に関係するんですね。テニスの大坂なおみ選手の場合、サーシャ・バインコーチは「君ならできる、大丈夫だ」と声をかけてポジティブな環境を作り、大坂選手本人も「私は強くなった。大丈夫なんだ」ということで、心の成長につながり、世界ランク1位になったのでしょう。彼女はコーチを変えましたが、波が岩にぶつかって分かれても次の大きな海で一つになるように、親と子どもの関係でも、一度は離れる時期があっても、最後はまた尊敬したり、「この人に認められたい」という関係が必要になる時があるんじゃないでしょうか。そういうメンタリティは人や組織を変えていくものです。苦しい時、眉間にずっとシワを寄せている選手やチームよりも、すごく生き生きとした顔を見せている選手やチームの方に、未来はあるんです。なぜなら、眉間にシワを寄せているときは、「負けたらどうしよう」「失敗したらどうしよう」「コーチに怒られるんじゃないか」といった余計なことを考えていて、その状況を純粋に楽しめていないからです。苦しい時でも明るく爽やかな表情ができるのは、自分と対話し、そういったストレスを最小限にして、その瞬間に夢中になっている証拠です。

――近年は、サッカーのクラブチームに在籍している小学生の中でも、より強いチームへ移籍するといったケースが増えているようです。

平岡　子どもが自ら「もっと強いチームでやりたい」とか、「もっと上手くなりたい」「競争したい」という気持ちがあって、本人がそう言ってきたとします。その場合、親は本人が言ったことを聞いて、夢のサポートをしようとするでしょう。しかし、コミュニケーションをテーマにして考えると、「どうして今日はうまくいかなかったと思う？」という問いかけをしてみたり、その子がチームの中心的な選手として活躍できる存在なのであれば、周りの人や環境のせいにするのではなくて、「どうやったらこのチームをもっと強くすることができると思う？」という問いかけをしてみることも有効でしょう。そうすることで、解決策を自分で考えさせることができます。そうしたコミュニケーションや有意義な対話が家庭にあって、その上で選択するということならば、チームを移るのもいいかもしれません。しかし、「今のチームでは勝てないから、こっちの強い方のチームに変えなさい」と親が意見したり、あるいは親同士の関係が良くないからと子どもの環境を変えたり、大人の都合が優先されるのは、非常にかわいそうなことだと思います。

――自ら意思表示をして、大人に対しても対等な話ができればいいということでしょうか。

平岡　たとえばJリーグクラブのアカデミーや私立学校には、そういった「集団を勝ち抜く」ための競争や、スカウトによる選手の獲得が必要かもしれません。ですが公立学校の場合、あくまでも「よりよく生きるための生涯スポーツ」としてサッカーに関わる人間を増やしていく狙いの元に取り組んでいます。私が指導している大津高校は「公立の雄」と言われていますが、子ども達がチャレンジする種類がたくさんあるんです。「Jリーガーになりたい」という選手が集まっていても、私立と違ってスカウトもしませんし、強化費もなく、無理な転校も許可していません。「ここでがんばって、卒業までの1000日間を過ごす」ことが大前提にある。そのことを保護者も理解していますし、入学してくる生徒たちも理解しています。それは、「あの場所へ行けば自分が変化できる」ということを自発的に判断して、選択できたということです。家庭のコミュニケーションの中で、応援してくれる大人が近くにいる心強さもあるかもしれません。しかしおそらく、小さい時から大人が全てをコントロールしていたら、そういった自発的な判断はできないのではないでしょうか。

1日は有限、使い方は無限。だから「24時間をデザイン」する

――「自分で24時間をデザインできるようになることが大きな目標」で、生活習慣を身につけるのはそのためだというお話でした。時間の使い方について、子ども自身が有効に1日の生活をデザインしていくにはどうすれば良いでしょうか。塾や習い事で忙しい毎日を送っている子どもも少なく

ないと思います。

平岡　今は親も忙しすぎて、子ども達と向き合う十分な時間がありませんよね。それは先生も同じだと思います。大人が忙しすぎて子どもと向き合う時間が少ないので、子どもが発するSOSのサインに気づかず、時間だけが経過してしまうことがあります。大人が作ってくれるはずの「安心」「安全」「安定」の「3A」がなく、成長の加速力をスピードダウンさせる不安や恐怖を感じる場所がどんどん増えているようにも思います。だからこそ、スポーツや文化的活動、ボランティアなど外に目を向けることが重要になるんじゃないでしょうか。将棋の藤井聡太さんのお母さんは、「こうしなさい、ああしなさい」とは言わず、道具を与えて「見守っていた」と話しています。そういう「安心、安定、安全」を確保できる場所があるかないかで、子どもの成長力は随分変わる気がします。加えて今は、共働きもやむなしで、シングルの人も多く、貧困の問題もあります。逆に、例えば大家族にフォーカスするようなテレビ番組もありますよね？　そうした家庭は子ども達それぞれに役割分担があり、みんなが成長して自立し、赤ん坊が生まれたら上の子がオムツを替えたり、家事を分担したりしています。家族の中でも役割を与え、責任を持たせるのはとても重要なことです。責任を与えて自立を促すことも、家庭における親の教育のスタートかもしれません。

——確かに、認知症の高齢者にも何か仕事を頼むとか、お願いするといいという話も聞きます。

平岡　90歳の大先輩が褒章を受章された際、こんな話をしていました。「何歳になっても、キョウイクとキョウヨウが重要だ」と。「教育と教養ということは、死ぬまで勉強ということかな？」と思っていたら、「今日、行く場所があるかどうか、今日、用があるかどうか、それが重要だ」というわけです（笑）。なるほど、面白いなと。人間は目的を持たないと行動が生まれませんから、子ども達にもそういったテーマを与え、注文していくことは重要かもしれませんね。

——学校の課題もあるし、塾にも行かないといけない、スポーツクラブにも行かないといけないというふうに、学校以外の時間も侵食されて、自分でアレンジできる時間自体が減っているように思います。そうした時間をいかに自分なりにアレンジするのか、その仕方はどう教えれば良いでしょうか。

平岡　それで子ども達が疲弊してしまってはいけないと思います。成長に必要なのは、「夢中になる」ことがある、ということ。無我夢中で取り組むための環境づくりが重要なので、大人がしっかり見極めてあげることが大事だと思うんです。子ども達は基本的に、自分の好きなことしかやりませんよね。でも「好きなことをするためには、こっちもやっておかないといけないよ」という重要なものがあります。勉強もその1つですし、「好きなことをやるためには、人と協力することも大事だよ」とか、「その成功には、相手への思いやりが大事だよ」とか、「食事もきちんと、バランスよく摂らないといけないよ」というふうに、好きなことに対して肉付けをしていく作業が大事なことだと思います。サッカーの指導では、「痛いとか苦しいとか、悲しいとか、そういった感情まで含めて大好きなサッカーの一部なんだよ」と、よく言います。大好きなことをやるためには、「それに付随するきついこと、我慢してでもやらなきゃいけないこと」もある。「そこから逃げないことで、大好きなことがもっと有意義になる」、そういう循環を作っていくことも、見守りではないかと思うんです。

――そういう、「本音ではやりたくないけど、やらなきゃいけない」ということに向き合う時は、やはり気がすすみません。子どもにとっては主に学習面なのかと思いますが。

平岡　ですから、そこまでの習慣づけが必要なんです。人はいっぺんに変わることは稀《まれ》ですから、「この子は何に夢中になるのか」、「そのためには何を肉付けするか」という大人のコントロール、親のコントロールを継続する必要があると思います。化学変化が起きないのなら、こつこつと積み上げていくしかありません。そのためにも、子ども達を「よく見る」ことが重要だと思います。よく見て、観察し、聞いて、傾聴する。子ども達の時間の使い方は未知数です。まだ小さくて発育における重要な段階であれば、「9時だからもう寝なさい」といった大人の導きも必要でしょうし、「明日何時に起きるの?」と聞いてみて、子どもが何時だと答えたら、「何のために?」「何をするの?」と聞いてあげて、計画通りにできたら、「よく頑張ったね」と認めてあげなければいけません。例えば、足し算ができるようになったからといって、それに安心してそこにとどまるのではなくて、今度は引き算や掛け算もできるようにならないといけません。テーマを変えながら、興味を継続させる。その工夫は子ども自身ではできませんから、大人がコントロールする必要があります。学校では先生がやるかもしれませんが、家庭では親が、先生と同じようなテーマで、人を育てる作業、人の成長に関わることにリアリティを持たなければいけない。何もしないで子ども達が育つわけではなくて、やはり適宜、大人が関わっていくことがとても重要です。それは時間の長さではなくて、関わる強さや深さ、温かさで変わっていくと思うんです。そういったものが、子ども達に「安心、安定、安全」の「3A」を与える場所作りにつながっていくんじゃないでしょうか。

――そうやって繰り返すことで、上手な時間の使い方も習慣づけていくと。

平岡　学校から家に帰ったら、まず何よりも先に、勉強してきたことを復習することを習慣化させることです。そしてそのあとに、食事をしながら家族の時間を作る。「この年代でいま必要なものはこれだよ」という話をしながら、コントロールしてあげることが大事だと思います。そうした習慣があれば、夏休みなどの長期の休みには、「今度は1日を自分でコントロールしてごらん」と、やらせてみることができます。最初はうまくいかないかもしれませんが、その時は「どうしてだろうね」と一緒に考えて、「こういう風にすれば、もっとうまくできるね」と提案してみる。それを続けていくと、夏休みの初日はうまくいかなかったことでも、最後の1週間ではすごく充実させることができるようになっていきます。より良い1日を作ろうという意識が働いてくる流れになると、一番いいですね。

――サッカーでいう、M―T―Mメソッド※のサイクルに似ていますね。（※Match-Training-Match。試合での課題を練習で修正し、より良い試合へと導くサイクルのこと）

平岡　そういうやり方が有意義かどうかは、やってみた本人にしかわからないんです。ですから、「どうだった？」と聞いてみることも、「もっとこうした方がいいんじゃないか」というアドバイスをすることも、「あの時どう思った？」と聞くことも、ある程度、大人がコントロールしていかなければいけません。その中で、目標の設定も含めて、子どもが動きやすい環境を作ることが重要だと思います。サッカーでM―T―Mが功を奏すのは、「今度のあの試合でいいプレーをするために、これを練習しよう」という目標を切り取っているからです。私が小学生の時は、夏休みの始めの1週間で宿題を全部終わらせていました。サッカーの全国大会に行くために、後半は勉強する時間がなくなるからというのも理由ですが、その他にもたくさん、やりたいことがあったわけです。やりたいことを思う存分やるためには、子どもでも、義務付けられているものはちゃんと消化しなくてはいけない。小学校には小学校の凡事徹底があって、中学校には中学校の凡事徹底がある。勉強するというのは、その当たり前のことの一つなんだと頭に入れておかないといけません。

24時間のデザイン力を上げることが、チャレンジにもつながる

――あらゆる場面で、そういった対話や、土台となるコミュニケーションが必要のようですね。

平岡　コミュニケーションを通して時間の大切さを教えてあげることも、24時間のデザイン力を上げることになります。「時間は大事なんだ」ということを小さい時から教えなければ、子ども達にもそうした感覚は身についていかないでしょう。人との関係で信頼を失うのは、時間と関係していることが多いですよね。約束の時間に遅れるなら、前もって伝えなくてはいけませんし、そうした簡単なコミュニケーションが不足するだけで、人との関係が悪くなってしまうこともあります。小さい頃から時間の大切さを認識できるようになったら、学校でも習い事でも、遅れる場合の連絡や事情の説明も必要なんだと理解できるようになるでしょうし、慌てて事故にならないような配慮もできるようになるでしょう。時間が大事だという認識もなく全く無頓着であれば、そうした配慮もできません。時間の大切さを小さい頃から意識させることが、24時間をデザインすることに発展、進化していくと思うんですね。

――もしかしたら、明日は普通にこないかもしれない、ということを、子どもも分かっておかなくてはいけませんか？

平岡　子どもの頃はそこまで考えなくてもいいでしょう。しかし、子ども達には「夢」や「未来」という言葉を使いますよね。小さい子ども達に向けて「夢」や「未来」という言葉を使うときは広がりをイメージしますから、そこで時間を大事にして、チャレンジしながら夢の実現や未来に向けて人間力の広がりを構築することが必要なんです。

――たとえば10歳の子どもであれば、「君もあと10年で大人になるよ」と。そういう話をすると、将来がイメージしやすくなります。

平岡　人間は、前に進むように、未来に向かうようにできています。子ども達が持つエネルギーはとても大きいですから、成長の加速力を上げるためにも、より安全で安心で、安定できる場所を作ってあげることが重要だと思います。

――先生が指導されている大津高校サッカー部では、放課後の練習の時間が100分と決まっていて、より上手くなるためにそれで足りないなら、朝やろうと自主的に朝練習が始まったそうですが、

——時間を有効に使うにはそういう発想の転換も必要ですね。

平岡　大津高校では、一つの技術を体得するのに「一技2万回」という言葉を使っているんです。「できないはずはない、なぜならできるまでやるから」なんですが（笑）、一方では諦めない心の才能を磨くというストーリーがあります。好きなことに夢中になって取り組む姿勢は、時間を忘れて頑張れるという人間力を作っていく入口になると思うんです。1つのことに対してその集中力を発揮できたのであれば、次のテーマに広げていけばいいわけですから。しかし、中途半端で終わってしまうようでは本気スイッチがなかなか見えてきません。「この子の本気スイッチはここにあるんだな」と分かれば、その可能性をもうちょっと広げるために「今度はこれをやらせてみよう」ということもできます。つまり、親と子のコミュニケーションを通して、そうしたポイントが複数あることが重要ではないかと思います。

——大事なのは時間の長さではなくて、集中して取り組むことだと。

平岡　集中することは、自分から主体的に取り組み、成果を上げることにつながります。ですから親としては、子供が好きなことを主体的に、集中して、夢中になって取り組める環境を作ってあげて、子ども達の可能性をコントロールすることが大事なんです。

――1日24時間という限られた時間を、自分で判断してどう有効に使うかだけではなくて、何かやる上では時間の長さにかかわらず、集中できる状況を作ることや、主体的に取り組むことが大切で、大人はその環境を作るべきだということですね。

平岡　24時間をデザインするという考え方の中心はそこです。主体的に、夢中になれるか。そこで重要になるのが、自ら考えて動く「考動力」です。その習慣は家庭の中でも磨けますが、「転ばぬ先の杖」を作りすぎしまうと、保護ではなく過保護になり、学校で作り上げたせっかくのエネルギーや考動力を消耗してしまいかねません。「新学習指導要領」では、「主体的で対話的、そして深い学び」という、アクティブラーニングを目指しています。そういったものを保護者の皆さんも理解してもらい、何でも与えるのではなく、子ども達に考えさせ、同じ方向を向いて考える、そういった作業をしなければいけない。それが、家庭と学校の両方で、「子ども達の未来に触れている」ことへの継続性を作っていくと思います。

――子どもが自分で考え、対話する力をつけるには、親など周りの大人もその機会を増やさなくてはいけませんね。「〜しなさい」と指示するばかりではなく、親も時間やエネルギーを使い、子どもが自ら考えることができるように工夫しなければいけない。

平岡　残念ながら、今はそれができない保護者が多いのも現実です。「部活動に預けていれば大丈夫」、「学校の先生に見てもらえれば大丈夫」と。本来、親が中心になって、子ども達の人生のエネルギーを作っていくのが理想ですが、他力本願になっていたり、家庭のモデルが崩れたりしていますね。尊敬する人として、子ども達が「お父さん」「お母さん」を挙げなくなっています。一番近くの大人が尊敬されるべき行動をとることで、学校や地域での大人との関係が構築されていきます。まずは家庭で、親がしっかりリスペクトされている関係であること。そして子どもは、愛情が注がれ、保護されていること。そこができていないと、どの環境でも大人との関係がうまくできず、安心や安定、安全を感じられる環境ができません。そうなると、失敗を恐れてチャレンジしない子どもになってしまいます。

――安心や安定、安全を感じられる環境があれば、子ども達はチャレンジできるということでしょうか。

平岡　サッカーを通して可能性を感じるのは、チャレンジし続ける、すぐに泣かない、ネガティブにならない、転んでも自分で起きてくる、そしてまたボールを追い続ける…。そういった、やっぱり諦めない子です。その逆が、「自分のところにボールがきませんように」と消極的になり、ボールがきたらすぐに人に渡して、転んでもすぐに起きない…。過保護からはそういった子ども達が育ってしまう。逆に、しっかりチャレンジできる子ども達は、家でも期待されていて、場所を提供されていて、「よく頑張ったぞ」と評価してもらい、認められています。そういった循環やシステムがあれば、どこにいってもチャレンジすることが当たり前になります。反対に、転ばぬ先の杖をずっと作っている家庭では、本人が頑張る機会が失われるので、学校で試されてもできない、社会や地域でもチャレンジできない。放任主義がいいとは言いませんが、まずやらせてみるという機会を作ることがすごく重要だと思います。例えば相撲では、小さい子が大きな子に立ち向かっていきますね。「危ないからやめなさい」ではなく、「大丈夫だ」「お前にはこういうストロングな武器があるから、大きな相手にも立ち向かってみろ」と、チャレンジする空間を作ってあげないと、本人だけでは簡単には向かい合えません。どちらが子どもの未来が開けるかといったら、「応援するから頑張れ」と背中を押してあげる方が、本人も「よし、チャレンジしてみよう」という気持ちのスイッチを入れることができるし、誰も思わない結末を作り上げることにもつながります。子ども達には限界はないんです。「怪我をしたらどうしよう」と大人が勝手に限界を作って、大人の不安を解消するために過保護になってはいけないわけです。

夢を膨《ふく》らますことができる環境を

――生活習慣の確立をスタートにして、家庭でどうやって子ども達に接していけば良いか、少しずつ見えてきました。夢や目標を持てば、より集中できたり、夢中になれたりする。だからこそ、コミュニケーションを通じて明確な目標が持てるような環境を作ることが大事だと。

平岡　子ども達は、「将来どうなりたいか」という、自分の人生設計や夢について話ができますよね。夢があるから、「いま頑張らなきゃいけないんだ」というテーマを自分から見いだすことができて、24時間をデザインし始めることができるわけです。「明日の試合、勝ちたいんだよね？　だったら、しっかり動けるようにもう寝なきゃね」っていうことも、「明日、学校で嫌な思いをしないためには、きちんと宿題をやっていかなきゃいけないよね」ということも、

24時間をコントロールすることにつながります。「成功の確率を上げるために、こうしなければいけないよ、こうした方がいいよ」というアドバイスも、時には必要になるでしょう。

――そうした声かけも、ビジョンを持って将来を見るからこそできる。

平岡　夢はゴールなんです。夢を持っている人にしか、目指すゴールや、そこに向かって進むべき道は作れません。小さい頃からそれを持てれば、「あそこに進むために、これまでにやった君の努力は良かったよ」と認めてあげたり、「もうちょっとこうした方がいいよ」といったアドバイスを与えたりできます。そういった作業が、子ども達の自立や、24時間をデザインする力になっていくんです。そして、そうした取り組みを認めてあげるためには、家庭の中でそうしたビジョンの共有を促すようなコミュニケーションが必要です。「この子は今、こういう風に思っていて、こうなりたいと考えている。それなら、親として最大限の協力をしてあげよう」というのも、夢や目標があるから逆算できることですし、行動を変えることができるわけですから。

大津高校グラウンドには、日本代表に選出されたOBたちの姿が。
これが現役部員たちにとっての「夢」の1つになっている

——夢というのは長期的な将来のビジョンですが、もっと近い将来、例えば明日こうなっていたいとか、これをやりたい、ここに行くんだと楽しみにして計画を立てることも同じでしょうか？

平岡　それは、「早く明日が来ないかな」と思えることですね。大人のなかには、「明日なんか来なければいいのに」と思う人もいるかもしれませんが（笑）……、でも子ども達は、「今日も楽しかったな」「1日あっという間だったな」「早く明日が来ないかな」と思うことが多いでしょう。大津高校の練習では、「今日も頑張るぞ」と朝スタートして、「1日頑張ったな」「今日はこんなことがうまくいったな」

「もっとうまくやれるように練習したいから、早く明日が来ないかな」というローテーションをつくるようにしています。そうすることで、「これを頑張らなきゃ」とか、「これを一生懸命やろう」というような、自分のルールを自分で作れるようになって、24時間をデザインできるようになっていきます。そのためにも、「何があっても私はあなたの応援団なんだよ」という、子どもとの関係を作ることが大切です。それがあれば、「お母さんに喜んでもらいたい」「お父さんに認めてもらいたい」「応戦してくれている気持ちに応えて、どうにかして恩返ししたい」と思い始めるでしょう。

——ただ、小さい頃は大きな夢を持っている子どもでも、成長するにつれて現実的なものに絞られてくる場合もあります。これは、限界を作ることになるんでしょうか?

平岡　そうした段階が15歳くらいでしょうか。ですからそれまでに、15歳で夢にチャレンジできる人間力をつけてあげることが重要なんですね。

——本物を見せる、という話につながりますが、将来像を描くにあたって夢を持つとか、子どもが何に夢中になれるかを知るには、色々なものを見せる必要がありますね。社会にはこんな仕事もあるんだなと、まずはその存在を知らなければ、将来につながる可能性は広がらないように思います。

平岡　実は私、不知火美術館の館長も務めていて、芸術分野のプロに来てもらい、子ども達に本物を見せようという取り組みもあるんです。なぜなら、それによって子ども達の感性も変わっていくと考えるからです。しかし、準備するだけでは何も変わりません。そこに興味を持って誘導してくる親がいて、こういうものがあるよと紹介する学校の先生がいて、それを実現できる地域がなければいけない。「本物を見せることで、本気になった子ども達も本物に変わるんだ」という共通認識を、大人が持たなくてはいけません。行政が「あそこに今、本物が来ています」という情報を出して、学校が「是非見に行ってください」と推奨して、「これは貴重な機会だから見に行こうか」と、親が子ども達を連れていく。そういった連携が重要なんですね。準備をしても連絡が不十分なら、「そんな催しがあるなんて知らなかった、どうして教えてくれなかったんですか」と、ギクシャクした関係になってしまいますし、連携があっても、子どもが何に興味を持っているかについて親が無頓着なら、本物に触れるせっかくの機会を逃してしまいます。子どもが「行きたい」「見たい」「やってみたい」という場所をたくさん作ってあげることが、行政としての重要な仕事なんです。

――夢や目標について、その時点で話す子どもの目標は、自分が見たり聞いたり、知っている範囲内にあるものですから、より広く多くのものを見せることができれば、子ども達それぞれの適性に合ったものを知ることができますね。

平岡　例えば犬が大好きという子どもがいて、この子は動物に興味があるんだな、という発見があったとしますね。そこで終わらせるのではなくて、動物園に連れて行ってみたら、「犬だけでなく、いろんな動物が好きなんだな」ということがわかる。じゃあ、今度は絵を描かせてみたら上手に描けることがわかって、「豊かな感性があるんだな」と大人が気づけば、「じゃあ今度は水族館に行ってみようか」となる。そしてまた上手に絵を描けたら、「動物が好きなんだな」というところから、「この子には絵の才能があるかもしれない」と、外へ出て行くことによって広がりを作ることができますよね。そうした場所を作るのが、行政の役割だと思います。

――そうやっていろんな種類の本物を見せながら、五感から夢中になるものを探すと。

平岡　子ども達がなぜ動物園が好きかというと、いろんなキャラクターがいるからではないかと思います。当然、そこにいる動物たちは生身の本物で、いろんな動物を見ることで感情が動くと思うんですね。ずっと家の中にいる子どもと、動物園が大好きで何度も見に行く子ども、水族館が大好きで何度も見に行く子ども達とでは、感性が大きく変わってきます。いくらインターネットで写真や動画を見ても、それは本物ではありません。直に本物に触れる、見ることが重要で、行政や社会は、その環境を整えて、そして学校や家庭では、アンテナを立てながら興味を刺激して、本物を見に行かせる。それがとても重要だと思います。スポーツも、テレビで見るのも確かに面白いけれど、会場に足を運んでみれば、テレビを通じて見るのとは全く違う空間が広がっているでしょう。プレーしている選手達の躍動感もそうだし、見る側の興奮、音や雰囲気など、テレビでは伝わらないものもあります。そういうリアリティに触れる機会はたくさんあるのに、そこにアプローチする大人が自分のゴルフを優先して(笑)、子ども達の好きなことに対して協力しないのは非常に残念なことです。私はなかなかできませんでしたが、平岡家では妻が全部やってくれて感謝していますし、私が子どもの頃は、祖父が自転車やトラックに乗せて、新しいものをたくさん見せてくれたんですね。つまり、体験型の中で「五感」から夢の入口をつくることは、とても重要なことなんです。

——職場体験やインターンシップは中学生で実施されることが多いようですが、早いうちに色々なものに触れたほうがいいと考えると、もう少し早い時期にそうした機会を設けてもいいような気もします。

平岡　社会科見学の一種として、お父さんが仕事をしている様子を見学してもらう企業もあるようですが、とても良いことだと思います。私が小学生の頃、ハンドボールの熊本県チャンピオンを育てるような先生がいました。その関係でアメリカに行ったりすることがあった

大津高校卒業後、プロ選手として活躍する植田直通（後列中央）と。前列左から著者、在学時代にマネージャーを務めた卒業生、長女·夏希、妻・望

ようで、飛行機の窓から見た風景やアメリカで見たことなどを8ミリカメラに撮ってきて、授業の時間を使って見せてくれていたんです。それは私にとって大きな憧れになり、「よし、自分も将来、絶対に海外に行くんだ」と思ったものでした。小さい頃に知らないものを見聞きして、「あそこに行きたい」「ああいう風になりたい」という憧れを持たせたり、夢につながることを子ども達に話したりできるかどうかも、大人の一つの才能だと思います。それが苦手なら図書館に連れて行ったり、美術館に連れて行ったり、広い公園に連れて行って遊んだりしながら、その様子を見てコントロールすればいい。いろんな場所に連れ

て行くことは、すごく重要だと思いますね。私の妻と子ども達は、私がサッカーで遠征中の夏休みに、「今、お父さんは大会で北海道に行ってるんだよ。じゃあ、こういう機会はないから、私たちは日本の反対側の遠いところに行ってみよう」と、沖縄に旅行していました(笑)。そこで地図を広げて、「お父さんがいるのはこっち、私たちがいるのはここ。日本はこんなに広いんだね」というのをやっていたようです。そういうことも、家庭教育だと思います。

――そのためには、自治体や地域にそういう体験ができる場所や刺激を与えられる施設、機関が揃っていないといけませんね。

平岡　ですから、図書館や美術館、体育館やプールなど、五感を刺激して子どもの可能性を引き出すような場所を、行政はたくさん作ってあげないといけないと思います。ママ友が集まる公園も、もしかしたらストレスを減らせる場所になるかもしれませんし、子どもに対して積極的にコミュニケーション、アプローチできる場所になるかもしれません。そういうものを広げていくことが、社会、行政の役割なんですよね。

第2章　学校と育てる

職業は教師。仕事は人づくり

――家庭での話に続いて、学校についてお聞きしていきます。昨今は、先生方の長時間労働の問題等がニュースで取り上げられて話題になっていますが、以前から教員の役割や仕事の内容が変わったということなんでしょうか？

平岡　具体的には、まず教職員の勤務実態を適正に把握することが重要で、その上に立っての業務改革、意識改革を進めていかなければなりません。最近では、教員という職種のブラック化が進んでしまうことが懸念されるため、教育現場においても働き方改革が進んでいます。若い教員の中には、自分が教わった先生や恩師に憧れて、「自分もあの先生みたいになりたい」、「あの先生のように子ども達の未来に関わっていきたい」と教員になった人や、「部活

宇城市役所・教育長室にて執務にあたる著者

動を通して人を育てたい」と教員になった人もいるでしょう。しかし中には、仕事は仕事と割り切っている先生もいるのが現実なんですね。子ども達にとって先生はずっと先生で、17時を過ぎたら普通の人、という見方をされるわけではありませんから、個人的な考えですが、責任を意識するのであれば、教師としての自覚に時間の区切りは作るべきではないと私自身は思います。

――たしかに、記憶に残っている先生というのは、授業以外で関わった時間の印象の方が強いような気がします。

平岡　かつてテレビドラマに登場していた先生た

ちは、子どものために、クラスのためにという姿勢が描かれていて、ああいったキャラクターに憧れて教員を志したという人もいたでしょう。私が子どもだった頃にも、「俺だって、テレビに出ているあの先生に負けないくらい、お前たちのことを考えてるぞ」という先生もいました。しかし今では、ドラマで描かれる先生像も変わってきていますね。

――教員の基本的な仕事は、担当科目の授業を受け持って、教えることだと思います。しかし学校の現場においては、それ以外の業務が多いということなんでしょうか?

平岡　教師という職業の仕事は人づくりだと、私は考えています。ただ、今まで以上に適正で組織的な対応が求められるなかで、最近は能力のある先生に業務が集中しているんです。そうなると、学校全体における組織のバランスが崩れて、本来の仕事である子ども達と接することが十分にできなくなってしまいます。大事なのは、子ども達の「can not」を「can」にするとか、やる気のスイッチを「ON」にする。そのために自分は何ができるかをいつも考えることです。それが教材研究や授業改善に取り組む本来の目的で、先生たちの仕事を増やすことが目的では

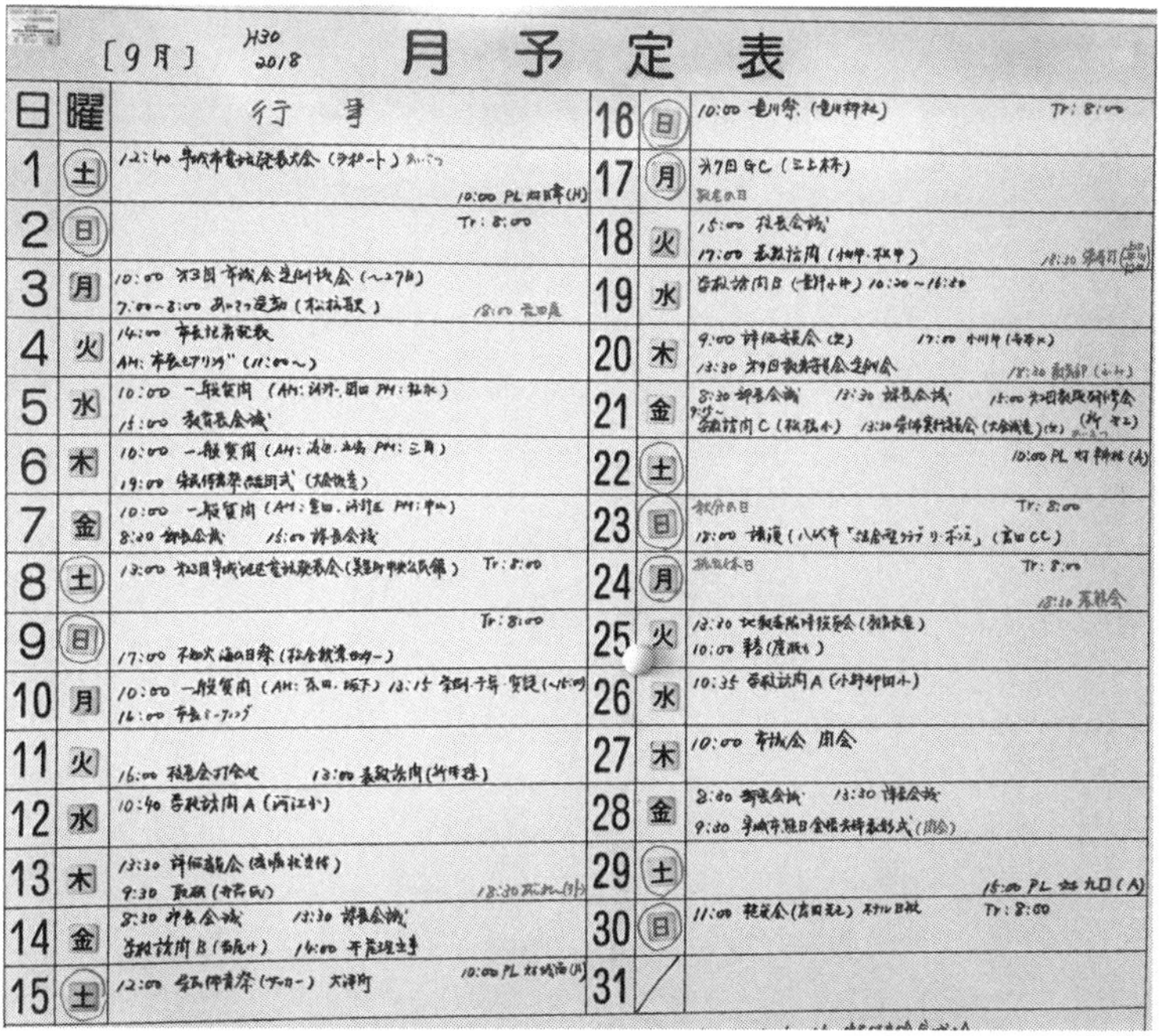

教育長室にある著者の予定表。教育長として小中学校の視察や行事、市議会、講演、大津高校の練習や試合と多忙を極めるが、自らも24時間をデザインする

ありません。先生方こそ24時間をデザインし、勤務時間をデザインしなくてはいけないと思います。

——確かに、教員という仕事は、なかなか定時に帰れる仕事ではないのが実情のようですね。

平岡　中学校と高校の場合、教科の受け持ちが教員の主たる指導活動ですから、担当教科以外の空き時間があります。しかし小学校の先生の場合、全ての教科を教えますし、ホームルームにずっと居なければならず、空き時間がないんです。そのため、必要な時に家庭訪問ができなかったり、突発的な事態への対応ができなかったりという問題があります。また女性の先生方はトイレに行く時間も取れず、膀胱炎になってしまうケースもあるようです。さらに、低学年の指導だと子どもの目線に合わせようと床に膝をつくことも多いので、膝が内出血している先生もいると聞きます。丁寧にやればやるほど、そうした弊害があって、肉体的にも精神的にも、本当にタフでなければできない仕事だなと感じますね。ただ、小学校の部活動が社会体育に移行すれば（熊本県では2019年度より完全移行）、今までとは違って放課後の時間が作れるようになります。今の先生方は、みんなデスクに向かってパソコンとにらめっこしていますが、パソコンがなかった頃は先生同士が膝を突き合わせて、「ああしたほうがいい」「こうしたほうがいい」という意見交換をしていましたし、先輩から後輩へ、若手からベテランへのコミュニケーションの形がありました。その時間がどうしても、パソコンと向かい合う時間や、保護者など外部への対応に取られてしまっているのが現状なんですね。

——朝も早いですし、本当に大変な仕事なんだなと思います。そうした中で、どのように働き方改革を進めていくと良いのでしょうか？

平岡　私の妻も教員として働いていますが、学級通信は隙間時間を使って手書きでやっています。「しっかりパソコンを構えて打ったら、できない」と言っていますよ。そういうベテランならではの経験もありますし、むしろ保護者としては、先生がガリ版で作ったようなものの方が、安心感があるかもしれません。何でもデジタル化するのではなくて、そういうアナログの良さを見直すことも必要かもしれません。若い先生方はベテランをリスペクトして、ベテランの先生方は若手を育成する。働き方改革の動向の中で、まずは先生同士のそういった交流や刺激のかけ合いを通して、管理職のリーダーシップのもと、若い先生は「自分が育たなきゃ」という意識、経験のある先生は「この後輩を育てなきゃ」という人材育成の責任をもつことが、学校の中に必要ではないかと感じます。

職員室というクラス

――確かに、先生にこそ勤務時間をいかに有効に使うかというマネジメント力が必要ですね。

平岡　例えば、優秀な先生かそうでないかは、机の上が整理整頓されているかどうかで分かりますし、ファイルの仕方ひとつでも分かるものです。机を見て回れば、「この先生はちゃんとできているな」「この先生は、机が整理整頓されていないから、こういうミスが起きるんだな」と分かるんです。ミスの多い先生には「あの先生のようにやればミスは減りますよ」「このやり方をすれば、効率化につながりますよ」という「お手本」を見せて、指導しなくてはいけません。それは、子ども達のいる教室と同じなんです。ですから、教頭は「職員室の担任」と言われることがあるんですね。職員室というクラスに、リーダーシップを取れる中堅の教員がいるかいないか、そこに本物の教員が何人いるかで、学校は大きく変わっていきます。本物がいれば、校内研修でもそういう先生にリーダーシップを発揮してもらい、発表してもらったり、授業を見せてもらえばいいわけです。現在は、優れた指導力を持つ「スーパーティーチャー」という肩書きの先生を作りながら、そうした取り組みをやっていますね。昔は理想の教師像がテレビの中で映像化されていましたが、今は身近にいる先生をモデルとして、こうすべきなんだということを積極的にやっていくしかない。それをコントロールするのが管理職の役割になっています。そして、これからの管理職には、学校という空間の中で教員（特に若い教員）を育成する具体策を講じ、「チーム学校」として、それぞれの教員自身が主体的・対話的に学び合う「組織」を構築することが求められますね。

――そういった組織が構築されていく中で、どういう先生が、優秀な先生と言えそうでしょうか。

平岡　仕事ぶりを見ていると、勤務時間内でやるべきことを終えた後、プラスアルファの時間を生徒との対話や、質問に答える時間にあてています。それも、終わりの時間をここまでと区切っていますね。そうすると子ども達も、「あの先生はこの時間しか空いていないんだな」と理解して、それに合わせてスケジュールを作り始めます。たとえば隣の先生が空いているからそっちに聞こう、とはならずに、待ってでも優秀な先生、分かりやすく教えてくれる先生の方に、子ども達は質問するんですよ。ラーメン屋さんと同じです。どうしてもその店のラーメンが食べたいなら、「スープが終わったから今日は終わりです」と言われたら、「明日は、スープがなくなる前に来なきゃいけないな」って思うでしょう？　空いていても、隣の不人気なお店には行きませんよね。つまり、学校を良くするのは教師力なんです。先生方が切磋琢磨して、「子ども達の未来を変えていく」という共通のベクトルを持っている学校は、変わっていくんです。

――しかし学校の先生方は、公立学校では数年おきに転勤があります。そうした場合は、そのベクトルはまた1から揃え直さなくてはいけないのではないでしょうか？

平岡　先生方の力と子ども達の力で、同じベクトルを持って特色や雰囲気を作ってきた学校なら、新しく赴任した先生も、「自分もそれに合わせて頑張ろう」と思うでしょう。しかし、先生たちみんなが疲弊していたら、そうやってベクトルを合わせることはできません。リーダーとなる校長が方向性を示し、教頭が補佐として尽力する中で、校長は鳥の目、教頭は蟻の目を持つバランスが必要です。校長と教頭のペアが、学校のために尽力しようとスムーズな組織的対応をしているなら、どんなに忙しくしていても、学校はしっかり動いていきます。

学校のこれからの未来について、夢やロマンをもって生徒たちと一緒に話ができる、そういう雰囲気を醸成するには、まずは職員室の先生方がそうした空気を作らないと、教室で生徒を前にして同じ話はできません。人事異動について、基本的に「あの学校に赴任したい」という教員本人の意思もある程度は尊重されますから、現実としては先生方の希望が集中する学校も出てきます。そういう学校は、「この学校に来たら、こういう生徒が育ちますよ」ということを発信できている学校で、家庭や地域からも信頼されているのでしょう。つまり、学校がコミュニティの核になっているんです。「あの学校に子ども達を預ければ大丈夫だ」という信頼関係は、高等学校の場合だと志願者数に現れたりするわけです。

教育現場に求められる、「可視化」「共働化」「効率化」の「3K」

――一方で、通学区域が決まっている公立の小中学校の場合、特に郡部では生徒数が減って統廃合が進んでいる地域もありますし、高校でも、各地域の拠点校でさえ定員割れするケースが出てきています。

平岡　熊本県では高森町と山江村でＩＣＴを積極的に進めていて、「子ども達をここで育てたい」と移住してくる方が少しずつ増えています。義務教育では２０２０年から新学習指導要領になりますが、少子化が進む中で、地域ごとにそういった特徴的な方針を作ることが重要になってくるでしょう。宇城市では「熊本の教育は宇城市から」と謳い、ＩＣＴと英語教育、小中一貫教育を中心に進めていきます。大規模校にも対応できる優秀な先生が集まっていますが、先生方が成長しなくては、子ども達の未来も開かれません。先生方が「今を変える努力」をしないと、子ども達の未来も変わらないんです。必要なのは「３Ｋ」です。

――「3K」とは、具体的には何を指すのですか？

平岡　「可視化」、「協働化」、そして「効率化」です。ベテランの先生や能力の高い先生がどんな仕事の仕方をしているのか、誰でも見られるように「可視化」して、教材や学級通信などの雛形、授業のノウハウを共有して「協働化」を進めることによって、職員全体、学校全体の業務を「効率化」していくのが大きな狙いです。以前は夜遅くまで学校に残って仕事をするのが教員としての美談になり、評価の対象となりがちでした。しかしこれからは、そうした仕事の仕方はマイナスで、与えられた時間の中でいかに効率よく仕事をするかが重要になってきます。管理職は、様々な教育課題にどう有機的・組織的に対応するかで、その力量やリーダーシップが測られるようになっています。

――先生方の仕事の効率化についての話ですが、教員の労働環境を整えることは、単にプライベートな時間を増やそうということではなくて、仕事を効率化することによって、子ども達のためになるからですよね？

平岡　もちろんです。その中心に子どもがいなければ、意識改革をしても業務改革をしても、意味がありません。ただ授業をするのではなくて、子ども達を夢中にさせる「いい授業」をしなくてはいけない。子ども達をとりまく学校教育の「質」を向上させていくための働き方改革であり、そのための「３Ｋ」です。

「can not」を「can」にする

――では、「いい授業」とはどういうものでしょうか。

平岡　子ども達の学習効果が上がる授業だと思います。具体的には、「can not」（できないこと）を「can」（できる）にするということです。サッカーの指導も同じですが、そのためには教えすぎないこと、子ども達に「気づかせること」が大事です。

――家庭における親の関わり方と同じですね。

平岡　教室内での学習規律を整え、学びやすい環境を作り、できる子ができない子に教えてあげる、できない子はできるためにコツコツ努力を重ねる。そういう環境を整備することが大切で、その繰り返しを毎日やるしかないと思います。本人の得意なものを伸ばしてあげて、ウィークな部分は時間をかけて教え、克服させてあげる。子どもたちが教えあうことも実はとても重要で、傲慢になったり攻撃性を持ったりすることなく、子ども同士で学ばせあう、その環境をどう作るかも、教員の仕事だと思います。教室環境の中でそういった雰囲気を醸成できる先生は、やっぱりいい先生なんです、子ども達が自然に教えあったり、わからないことを聞いたりできるグループの雰囲気や場を設定することは、サッカーの指導でも大事なことです。お互いが学び合えるような教室環境、学習規律を整えていくと、あのクラスはいいクラスだな、あの学校はいい学校だな、という評価にもつながっていきます。そういうところでは「安心」「安全」「安定」が確保されていて、子ども達が夢中になってチャレンジできる環境があるわけですからね。

——問題が解けたり、分からなかったことが分かって達成感を味わったり、自信をつけたり、そういう瞬間の子ども達の表情を見て、その時の喜びを知っていると、「できないことを、できるようにさせたい」と、親も思うことです。

平岡　子ども達には高揚感や達成感を味あわせてあげたいですよね。オーバーコーチングにならずにそこへ誘導するには、何でもかんでも喋りまくるのは決していいこととは言えません。先生が喋る時間をどう減らして、子ども達の発言や気づきをどれだけ増やしていくかが求められています。夢中になって取り組む時間を作ってあげることで、子ども達は変わっていきます。いい指導者、先生は、生徒を本気にさせるのがうまい。子どもたちを本気にさせる、夢中にさせるのが、本当のプロフェッショナルではないでしょうか。

――本気のオーラは、学校の先生にこそ必要なのでしょうか？

平岡　これはみんな違っていいんですけど、リーダーシップをとるべき立場の人の心得として理念や哲学があるとした時に、私自身が考えるものといえば、「ビジョン」「ミッション」「パッション」の3つです。まず、どこに連れていくか、何を作るかという構想（ビジョン）が必要で、そのために何をすべきかという使命感（ミッション）を持った上で、やり遂げるために、最後には情熱（パッション）がなくてはいけないと思うんですね。いつも子ども中心に考えていけば、その3つの要素はブレないでしょう。子ども達が夢中になって、進化につなげるために変化を繰り返そうと努力しているのなら、それに対して、その3つを使いながら、形を整えていく。それが、子ども達の未来に触れていくということだと思います。

――ビジョンのもとで、ミッションを遂行するためにパッションを注ぐと、子ども達が本気になって、夢中になる。

平岡　くわえて、学校の授業で必要なのはテクニックだと思います。家庭で親が本気で教えるのは当たり前ですが、学校では、その子の未来に触れているという教師としての情熱や使命感が、授業力になっていくわけです。ですから、子ども達のモチベーションをコントロールするのは、教員としてのテクニックですね。いい先生の授業はあっという間に終わりませんか？　早く感じるということは、それだけ子ども達を夢中にさせて、モチベーションを高める仕掛けをたくさん作っている証拠です。一生懸命、夢中になって何かにチャレンジしているときは時間を忘れるでしょう。ですから、そうやって学習環境を変えていけるのが、いい先生ではないでしょうか。

――そこには計算というか、ビジョンに基づいた計画があるということですよね。

平岡　大切なのは、ずばりストーリーですね。子ども達それぞれの個性を見ながら、一人ひとりの本気スイッチがどこにあるのかを観察し、その場所を知っている先生こそ、子ども達を成長に導くことができると思います。子ども達みんなが思う「先生に認められたい」という気持ちを受けて、「認めてあげる」。そのキャッチボールがスムーズにできる先生なら、子ども達は安心して相談できるでしょうし、何をやっても安定感があるでしょう。そして事故なく、安全に、その1時間の授業を過ごせる。それはストーリーがあるからだと思います。同じ題材、同じキャストで映画を撮っても、売れるのか、売れないで終わってしまうのかは、作り手によって変わってきますね。例えば足し算の授業をした時に、「今日の授業、楽しかったなぁ、次の授業が楽しみだな」と感じさせるか、「今日の授業は、全然分かんなかったな、算数はちょっと苦手だな」と思わせるかは、教員の資質の違いなのです。

――しかし、小中学校の45分、50分という授業時間は先生方にとっては短くて、そうやって描いたストーリー通りに展開させるのは、実際には難しいような気がします。

平岡　それでも、退屈な時間は長く感じるものです。先生がずっと喋っているだけ、子ども達は聞くだけで何もすることがなければ、退屈な授業になってしまいますよね。逆に、「はい、じゃあみんなもやってみよう！」というチャレンジの機会が増えれば増えるほど、子ども達は集中して夢中になり、授業はあっという間に終わるでしょう。そういうことも授業改革の1つだと思います。

――大津高校で実践している100分練習にもつながりますね。「今日はここまで教えよう」という終わりが決まっていれば、「そのためには何をやらなければいけない」から、導入では何を話して、というふうに逆算していくことができる、それがストーリーだと。

平岡　大切なのは、授業効率を上げることです。これからは、子どもたちが使い慣れているスマートホンやタブレットを活用することも、夢中になって学習に取り組むのに有効になっていくでしょう。宇城市では2019年度から、市内の中学校でタブレットや電子黒板を導入したICT教育を具体的に進めていきます。すでに取り入れている高校では、タブレットやスマートホンを辞書がわりとして積極的に活用しているそうですし、視察へ行ったシンガポールでも、子ども達は自分のスマートホンを調べ物に使っていました。

――そうした道具を幼い頃から使って親しむことは、もはや普通というか、これからの時代を生きる上では不可欠の要素になりつつあります。

平岡　全国に目を向けると、公立中学校でもスマートホンを学校に入れようという動きがありますね。個人のものを学校に持ち込むようになると、動画や写真などの個人情報が意図せず拡散されるリスクもありますが、学校が管理しているタブレットなら問題ありませんから、支給される端末を持ち帰って家庭学習にも運用するような段階まで進めばと思います。ICT教育の導入にあたっては、方向性を決めて、子ども達の善悪の判断や見極めを教員がうまくコントロールできるよう研修を積んだり、きちんとしたルールを設けたりすることが必要です。もっとも、ルールを決めるのに費やす時間や労力が、担任をはじめとした先生方の負担感を増やすのは本末転倒ですが、それが家庭学習を充実させる道具としても日常化されていけば、子ども達は夢中になって、主体的に学習に取り組むようになるでしょう。宇城市の中学校でのＩＣＴ活用のチャレンジも、そうした日常化のための一つなんです。

ＩＣＴ教育が進むからこそ、「徳」「体」が大切になる

――実際に、最近の子ども達はもう、国語辞典や英和辞典も以前のようには使っていないという話も聞きます。

平岡　小学生の資料集が必要なくなったらタブレット１つで済みますから、ランドセルも随分軽くなるでしょう。タブレットでデジタル教科書を共有するというのも、改善につながる部分なんですよね。

――授業の質の部分で、子ども達の気づきの量を増やす、主体性を伸ばすという方向性において、ＩＣＴの活用はその入り口になる可能性がありそうです。先生方も保護者も、「自分が子どもの頃にはこういう勉強の仕方をしていた」という記憶があると思いますが、「お母さん達はこうやっていたから、あなたもこうしなさい」、という常識は、もう通じないと考えた方が良さそうですね。

平岡　おそらく、平成の時代であらゆることがが変わってしまったんでしょう。明治から昭和の時代までは、学問に対しての方法論はさほど変わっていなかったと思います。それが、平成の時代で一気に変わりました。ＩＴに関わる人たちがどんどん成果を出して、事業を興して成功し、存在感を示してきましたね。子ども達の憧れる職業も、デスクに座っているだけでできたり、会社に行かなくてもできるような仕事に変わっていくかもしれません。もちろん第一次産業も必要ですが、その分野にも、これからはＡＩが進出してきます。ですから、子ども達は総合的にバランスよく成長していく必要があります。「自分はこれしかやらない」ではなくて、やはり知・徳・体という成長の要素のバランスが大切です。知については、情報が自然に入ってくる環境が整いつつあります。しかし徳と体の部分は、やはり教師などの大人が教えて、鍛えてあげることが必要ではないでしょうか。もう一つ、食育も重要ですね。

——「徳」の部分のついては、道徳が教科になって評価の対象になります。この点についてはどうお考えですか?

平岡　道徳には、善悪の判断、自立、自由と責任、正直、誠実、節度、節制、個性の伸長、希望と勇気、親切と思いやり、等、さまざまなテーマがあり、本当に先生方は大変だなと思います。道徳というのは、「よりよく生きる」ためのマナーであったり、規律だったりという部分ですよね。人を思いやる気持ちも、徳の一部でしょう。タブレットなどを使うことで、知の部分では子ども達はどんどん積極的に、主体的に進化していくと思います。だからこそ、頭でっかちにならないためにも、家庭や地域で徳育と体育、食育という分野における具体的なサポートをしてあげる必要があるのではないでしょうか。

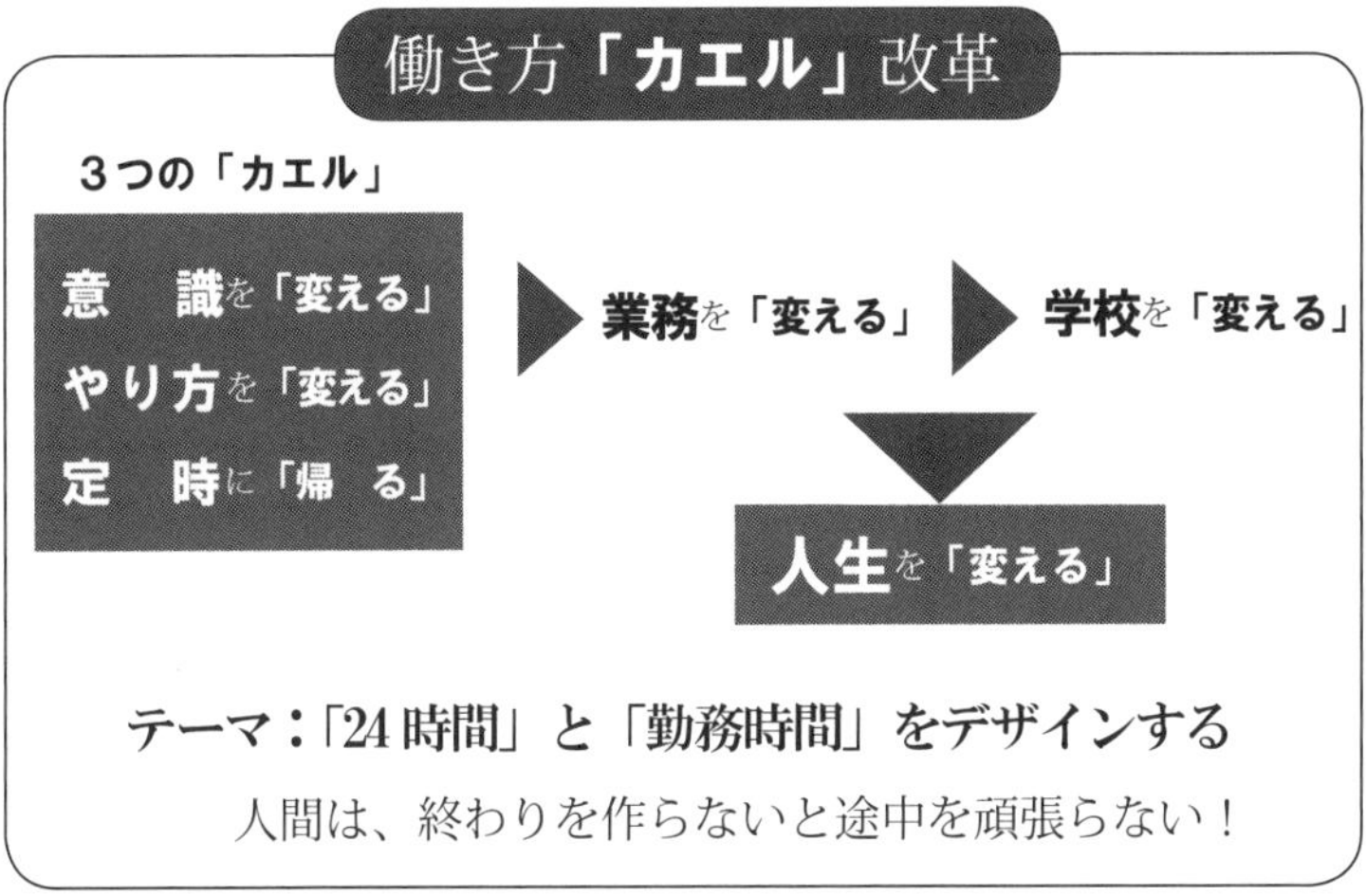
働き方「カエル」改革
3つの「カエル」
意　識を「変える」
やり方を「変える」
定　時に「帰　る」
業務を「変える」
学校を「変える」
人生を「変える」
テーマ：「24時間」と「勤務時間」をデザインする
人間は、終わりを作らないと途中を頑張らない！

教員の働き方改革を進めるにあたり、宇城市の校長会で著者が伝えている「働き方カエル改革」

宇城市で取り入れている「5つの心得」

――ICT教育を導入する他に、宇城市での具体的な取り組みはありますか？

平岡　民間でも「カエル会議」が流行っているようで、私も「働き方カエル改革」という指針を作りました。私が考えたのは、「意識を変える」「やり方を変える」「定時に帰る」というものです。業務を変えることによって学校を変えると、「（先生の）人生を変えることにもなりますよ」ということで、24時間と勤務時間をデザインするのが大きなテーマです。これを校長会議で配布して、各学校でも徹底してもらいたいと考えています。

――授業での取り組みはどうでしょうか。

平岡　宇城管内では『分かる・楽しい』授業づくり五つの心得」を設けています。

1、「何を学ぶか」が分かる「めあて」の提示
2、「何を学んだのか」が分かる「まとめ」の提示
3、めあてに沿って、「じっくり考え」「はっきり表現」させる場の設定（能動型学習）
4、基礎的・基本的な知識・技能の定着のために「しっかり教える」場の設定（徹底指導）
5、「分かった」から「できた」へ誘う「振り返り」の場の設定

この五つの心得の観点から、単元をデザインして取り組んでいるところです。

――どういった狙いで明文化されているのでしょうか？

平岡　わかる、楽しい授業づくりをテーマとして、授業改善をしていくのが狙いです。教育委員会の「学力向上対策会議」の中で成果を分析し、熊本県と全国の学力調査の結果と照らして、ＰＤＣＡを回していきます。先生方個人や学校でバラバラにやるのではなくて、「宇城管内ではこういう方針で授業をやりますよ」という明確なものを共有して、同時に評価の基準にもおいていこうということです。先生方がつける日誌にこのリストを貼って、毎日チェックしている学校もあるようです。それによって、１週間を振りかえったりできますからね。

――授業の質を高め、子ども達の学力も向上するのが大きな目的ですか。

平岡　しかし、教育の本質には「温度」（情熱）が必要で、感謝や感動する気持ちを育てることも重要です。それをコントロールする意味でも、本物を見せる作業、感性を伸ばす作業を定期的にやっていかないといけません。子ども達には、どんなにイレギュラーなことがあっても、自分で判断して対応できる力を身につけてもらいたいと考えています。それが、生きる力になっていきます。ですが、教育や教室の現場では、そういう現象は少ないですね。むしろ昔の方が、子ども達は先生の顔色をよく見ていたし、イレギュラーな現象に対応する力はあったように思います。だから、社会に出てからも理不尽なことに耐えたり、対応したりすることができた。ICT教育が進むだけで、そこにつながるのかどうかという懸念はあります。「人対人」の関係の中では、「あの人は今何を考えていて、自分は何をすべきか」ということを考えることが必要です。「考える」を習慣づける上で、ICTの活用はあくまでその一部分にしかなりません。ICT教育だけではダメだから、人間教育の要素が必要だということで、「考え、議論する道徳」という新しい教科が教育として入ってくる。その道徳の中では、ディベート等を通して自分の気持ちや考えを伝える流れが中心になり、新学習指導要領に出てくる内容で、バランスよくカリキュラムを組み、学校の中で特徴を作りながらやっていく。しかし、コミュニティスクールや地域共同活動など、いろんなものを巻き込みながら広げていかなければ、先生だけ、学校だけでは、これは成立しないんです。

学校は一つのチーム

――教員の負担減という面では、部活動の顧問や指導についても見直しの必要性が盛んに言われています。

平岡　小学校の先生方は多忙だから、という前提もありますが、熊本県において部活動が社会体育に移行していくことの本質は、児童数が減っている小規模校で集団スポーツができなくなってきたことも要因としてあります。それが社会体育に移行する入口でしたが、いつからか、先生の負担を軽減するためだという側面が大きくなり、部活動は「悪」だという捉え方が生まれてきてしまった面もあると思うんですね。しかし、部活動を指導したくて先生になった人もいます。部活動を熱心にやっている先生の多くは、教務主任や生徒指導部長、研究主任を務めるなど、学校でもエース的な存在なんです。才能のある先生は忙しいことを理由にしませんし、何をやっても大丈夫ではないでしょうか。子どもたちがやる気を持って活動している部活動の顧問は授業もきちんとできていますし、校務分掌も的確にできているでしょう。つまり授業をきちんとできる先生だから部活動も熱心にできるし、校務分掌もしっかりできるということですね。「あの先生は部活動は熱心にやるけど授業はてんでダメじゃないか」とか、「授業はいいけど、部活動は全くやる気がない」とか、「校務分掌で機能しない」といったケースは、教員としての能力が十分でないということだと思います。特に中学校は、全てが教育ですから、苦手なことがあれば先生もできるようにならなければいけないし、教師力を上げる努力が必要です。そのために組織的に対応して、得意な人がそれをサポートしてあげればいいわけです。だから学校をチームと考えて、「チーム学校」の質を上げていくことが、やっぱり重要なんです。

——先生同士の連携や、学校全体での取り組みが関係してきますね。さきほどの「3K」の話も、こういうところにつながってくる気がします。

平岡　学校の先生たち、１人ひとりがみんな１００点を取る必要はなくて、学校総体として１００点を取ればいいと思うんですね。できない人がいれば、できる人がサポートして、全体を１００点にしていく。小学校などの場合は、体育の免許を持っている先生が、「私は音楽が苦手なので、先生のクラスの体育の授業は私がやりますから、私のクラスの音楽の時間をお願いできますか？」といった交換が可能です。すると、先生も自分のストロングポイントを生かしながら、学校の中での自分の役割を、より積極的に、ポジティブに回せるようになっていくでしょう。昔は、「いやいや、それは僕がやりますよ」「学校のために、自分から進んでなんでもやりますよ」っていう先生がたくさんいました。今は「子どものため」「学校のため」を考えるより、「自分のため」というのが大きくなって、そういうパワーが少し落ちているかもしれません。子ども達に「人のために頑張りなさい」と言うのであれば、先生もそうでなくてはいけない。一方で、負担につながるプラスαはできる限り無くさないといけないので、そういう意味でも取捨選択が大事なんです。それにくわえて日本は年休取得率が先進国で一番低いので、教員も休みやすい環境を作って、有給、年休の消化率を上げないといけない。働き方改革とは「休み方改革」でもあるんです。学校の夏休みなど長期休暇中にも閉庁日を設けて積極的に休める日を作ったり、特別休暇も必ず消化するというルールを作っていますが、言い換えると、今の学校はそれがないと先生達が休めない環境だということ。だから、上司が率先して休んでみせないといけないわけです。

部活動が果たしてきた役割と、これから

――先生方の長時間労働にも関係しますが、部活動については、文部科学省が公表しているガイドラインで、毎日の練習時間にも規定が設けられ、1週間の中でも休養日が必要であると通達されています。

平岡　中学校の学習指導要領にも、部活動については「スポーツや文化、科学に親しませ、学習意欲の向上や責任感、連帯感の涵養に資するもの」として、生徒の自発的な活動である

ことや、地域との連携等についても書かれているんです。ですから、中学生になれば、「先生、今日は何をやるの？」と聞きにくるのではなくて、自分たちでルールを作って計画を立て、「これでどうですか？」という相談の仕方をするなど、子どもたちが中心になって、主体的に部活動を運営するような方向転換をしなければいけないと思います。その中でトレーニングの工夫をサポートしたり、練習試合のマッチメークをしたりするのが大人の役目で、あくまでも活動の中心は子ども達だというふうに認識を変えていかなければいけませんし、そういうエネルギーが子ども達から自然に発生する場所にしなければいけないんです。

――しかし、顧問の先生の指導や働きかけだけで、子ども達をそこまで成長させるのは、なかなか難しい事のように思います。

平岡　だから、子どもたちの活動を活性化するための研修をする必要があります。生徒会執行部や各部の部長、マネージャーなどを集めた自校独特の研修を開いて、それを理解した子ども達がリーダーになって認識を変えていく。校長のリーダーシップとして「この集団をこういうふうに変えたい」というコンセプトがあって、ビジョンとして「どの方向に連れていくか」、そのミッションのために、「じゃあ、講師としてあの人を呼んで話してもらえば大丈夫だ」とか、「この話を聞かせることで、普段の話も具体的に伝わるんじゃないか」とか。意図的に組織を変えていくためには、学校総体として取り組む必要性があると思いますね。

――実際、先生達は部活動の顧問に割り当てられていますが、あくまで顧問ですから、その種目の指導や強化は本来、顧問教諭の役務ではないわけですよね。

平岡　部活動の根本には〝勝利至上主義〟が存在しないことから鑑みると、指導や強化のウエイトはそれほど高くなくていいと考えています。ただ、生徒たちの高いニーズがあれば、今の外部指導者制度を活用すればいいと思います。そういう状況になったとき、校長は保護者と協力し、この競技について特定の理解力を持っている指導者を探して、対象者がいなければ、地域の共同体の中で教員OBを頼ったり体育協会を頼ったり、保護者の中に指導できる人がいればは保護者にお願いする。そうした連携がまた、学校と地域、保護者のネットワークになってきます。子ども達の環境を変えるためには、三位一体で動かなければいけないんですよね。

――一方で体罰やパワハラの問題が取り上げられる機会が増えたことで、部活動の捉え方についても、この数年で変わってきました。

平岡　その理由は、競技結果重視の民間スポーツクラブが増えて、子ども本人がよりハードな環境を選べるようになってきたからだと思います。学校部活動の本質は生涯スポーツにつながることや、そこでコミュニケーションの場を作り、子ども達が主体となってやっていくことです。社会性を育成し、個性を伸長して、自己肯定感を高めながら主体的にルールを決め、計画を立てて、顧問と協力しながら成長していける。そのプロセスが重要だと思います。チャンピオンシップだったり、プロを目指したい、オリンピックに出たい、ワールドカップに出たいという子どもたちは、学校部活動を選ぶのではなくて、お金を出して民間のクラブに行くというシステムに変わってきています。部活動は、学校の授業が終わってすぐに活動できる場所で、子ども達が主体となってやれる活動であるべきです。

――授業には夢中になれなくても、部活があるから学校に行くのが楽しいという生徒は、昔も今も、少なくはありませんね。

平岡　その大きな理由は、自分の大好きなことを主体的に、夢中になってできるからではないかと思います。とても怖い先生がいて、叱られながら「やらされる」環境なら、嫌いになってしまいますよね。子どもたちが部活動が好きな理由は、「教室には自由がなくても、あの場所に行けば自由がある」とか（笑）、そういう感覚の中で自分を発揮できる場所だからだと思います。名伯楽と言われる指導者の先生はそのコントロールが巧みで、どんどん子ども達のやる気を起こしていったんですね。教室の授業でも、そういう現象を増やしたいから、アクティブラーニングが始まったんだと思います。主体的で、対話的で、深い学びが効果的だということが、部活動で実証されてきたわけです。それを教室に下ろしていこうという感覚なのだと思います。

文化系の部活にも、体育系と同じような配慮が必要

――スポーツ庁のガイドラインも公開されていますが、子ども達への接し方などについては、現場ならではの感覚があるのかもしれません。

平岡　子ども達の発育発達に応じたものという大前提があります。子どもは小さな大人ではなく、子ども達は子どもの時間で成長していくということですね。理解できたり習得できるまでの時間も、1人ひとりの個性も違うわけですから、それを全部、一斉に同じメニューでコントロールすることは効果的ではないし、一番、悪なんです。なおかつ、恐怖や不安で強制的にコントロールするのは、子ども達の体育離れ、スポーツ離れを引き起こすことにもつながります。ですから、部活動はもう一度、本来の姿に戻ることが必要だと思いますね。

――部活動というと、運動部を最初にイメージしてしまいますが、文化系もあります。文化系の部活動についても同じことが言えますか？

平岡　スポーツ系なら、練習も2時間に収まるようになりますが、吹奏楽部など平気で6、7時間も練習をするところがあります。顧問の拘束時間もそれだけ長くなるわけで、文化系の部活動の方こそ、練習時間や休養をコントロールしなければいけないのではないかと思いますね。炎天下のドリル練習などでは、救急車で運ばれたりするケースもあります。親がテントを張って、ローテーションで水分を摂らせていても、サッカーの2時間の練習よりきついのではないでしょうか。文化系の部活について、今は体育系に準じた活動となっていますが、文科省としても文化部だけの決まりを作る動きがありますし、宇城管内でも指針を出しました。全部に原則をつけ、あとは校長判断としましたが、子ども達の発育発達に応じたものが前提であるということですね。

――部活動の目的が、生涯スポーツや文化に親しむこと、社会性の育成、個性の伸長、自己肯定感の構築といった点にあることを理解できていれば、必要以上に長い練習や活動は、自ずとやらなくなりますね。

平岡　長くやるのは、そういったことを考えずにやるからではないでしょうか。目的意識を持つという意味では、「目指すゴールがないものに、進む道はない」という話をすることがあります。それは、ストーリーを作るうえでの大原則なんですね。「あそこに行くために、こういうふうにやるんだよ」と。そのゴールが、試合での勝利だったり、コンテストでの入賞であったり、夢の実現だったりするわけです。これから子どもたちが大人になるにつれて、もっともっと何が起きるかわからない社会になっていくでしょう。そんな時も臨機応変に対応しながら、自分の力で解決しなくてはいけません。そういうことを踏まえると、サッカーは一番いいスポーツだなと思います（笑）。足でプレーするから何が起きるかわからないし、起きた現象に沿って、自分の強みやできることを判断して、次のプレーを選択していくわけですから。そういう人間力がなければ、社会では太刀打ちできません。教室の授業ではＩＣ

Tが答えを出してくれるかもしれないけれど、スポーツの多くは、先の展開が見えません。そういったイレギュラーの事態に対して、その場で反応しなければいけない。その脳のシステムを多様化するには、部活動を通じてスポーツに取り組み、社会性を育み、自己肯定感を高め、個性を伸ばすことは、有効なことだと思いますね。

自分で考えるから、進路も自分で選択できる

――そうやって部活動を通して、また授業を通して考えることが習慣化できるようになると、自分の進路も主体的に選択できるようになりますか。

平岡　義務教育の9年間では、自分の将来に向けた選択をする準備をして、高校に進む15歳で判断し、決断する。そして高校生活を経て、「より自分を生かせる環境はどこか」「もっと

専門的に学びたいものは何か」ということを主体的に考えれば、そこでも自分で判断して、卒業後に進む大学やクラブを選べます。逆に、やらされている子どもは、それを判断できないと思いますね。自分から興味を持って、夢中になって取り組んでいるからこそ、「次はこうなりたい」と考えることができて、進むべき道が見えてくる。一生懸命頑張った人間にしか、主体的に選択する能力は生まれないと思います。何でもかんでも強制されるのではなく、自発的に、主体的にやるという環境が小さい頃から習慣としてあれば、目の前の相手が何を考えているのか考え、そして自分が取るべき行動を考えることができます。「行動力」ではなく、「考動力」になるんです。失敗したり判断を間違ったりしたとしても、それが自分が考えて行動した結果であれば、「完成度を上げて成熟させていけば大丈夫だよ」と助言してあげることで課題発見能力と問題解決能力は磨かれますし、安心感を作ってあげることに繋がっていくと思います。

――しかし実際には、高校を卒業して次の選択、例えば大学でも、行きたいところよりも現実的に行けるところを選ばざるを得ない場合もありますし、その場合は本当に興味のあることが学べないというケース、あるいは、その時点で何を深く学びたいのか、まだ定まっていないケースもあるかと思います。

平岡　ですから、高校3年生になってから「どの大学にしようか」と考えるのではなくて、例えば、「行きたい高校に入る」という夢を15歳で実現できたら、「ここに入った理由は、その次にあそこへ向かうためだ」、というように、日常から目標やゴールをどんどん積み上げていくこともポイントです。24時間をデザインするにも、「自分はこの夢を実現するんだ」、「だからそのために24時間をデザインしよう」ということになります。なぜ今日の反省をするかというと、「もう少しこういうふうにしないと、目標の場所には行けないな」と確認し、1日を振り返るためです。そういうことを日々ノートに書く人間と、そうでない人間とでは、自ずと変わってくるでしょう。ですから子ども達には、「若い時には休む時間はないぞ」と言いますし、「常にひたすら前に――"move forward"――という意識を持ちなさい」と話すんです。

著者の手帳に書きこまれた「ひたすら前へ」の文字は著者が父からもらった言葉。「人間は誰でも前に進むように造られています。目は前を見るのに便利であり、足は前に進むようにできています。私たちの心も未来に生きるように造られているのです」と続く

——最終的にどうなりたいかという具体的なものはまだなくても、イメージできる範囲で、次はどこに向かって進んでいくか、どこを通っていくかが定まっていればいいわけですね。

平岡　「あの場所に行けば自分が変化して、成長できる」という大前提を持つことです。「あの先輩みたいになりたい」「あの人みたいになりたい」といった憧れの在存を見つけて、その目標に近づける努力をする中で、課題をクリアしていく。大津高校サッカー部の例で言えば、車屋

紳太郎(川崎フロンターレ)は谷口彰悟(同)を見て育ちましたし、植田直通(セルクル・ブルージュ/ベルギー)は車屋を見て、野田裕喜(ガンバ大阪)は植田を見て育つというサイクルがありました。学年の差をうまく利用して、練習に来た時も一緒にやらせてみて、「お前の目標はこの先輩だぞ」とイメージさせるわけです。すぐに目標を作れる子と、そうでない子がいますから、大人が提示してあげたビジョンが、本気になるきっかけになる可能性があります。大津高校から、なぜ多くのJリーガーが出ているのかというと、私が教える100分の練習に魔法があるからではなくて、24時間をデザインする上でお手本になる先輩たちの存在、進んできた道が、子ども達の見えるところにあるからだと思います。スポーツに限らず、子どもたちが変われる可能性やチャンスは、地域の中、学校の中、家庭の中に、日常的に転がっているんです。それを大人がコントロールしてあげることが大切でしょうね。

――一方で、子どもが大きな夢を語るときに、大人は「そんなこと言っても、無理だろう」と言ってしまいがちです。

大津高校OBの植田直通（左）、車屋紳太郎（右）が同時に
日本代表に選出された折に

平岡　放っておくとネガティブなスパイラルがあっという間にできてしまいますから、ポジティブなストーリーを作り続けるのは本当に難しいことです。しかし子どものタイプによっては、意図的に厳しい言い方をすることでハッパをかけることもありますね。わざと「お前にできるわけがない」と言う方が、いい場合もある。負けず嫌いの子なら、そう言われれば「ちくしょう、見ておけよ」と奮起するでしょう。誰もに同じように接するのではなく、そうした個性を見極めて対応しなくてはなりません。あえてみんなの前で厳しい指摘をする子と、1人だけ呼んで言い聞かせる子、子

どもの個性に合わせて、細かく使い分けるべきでしょう。ともあれ、そういった具体的な夢の実現に向けた取り組みの中で、子ども達が「諦めない心の才能」を磨こうとチャレンジしているわけですから、大人がネガティブな言葉をかけて、それを潰す権利はないのです。

「本気のオーラ」が、「心に火をつける」

――思春期には、教師や親に対して反抗的な態度を取る子、大人を馬鹿にするような子もいます。そういう場合、どう対応すれば、いい関係を築けるでしょうか。

平岡　京都の伏見工業高校ラグビー部の実話を元にした『スクール・ウォーズ』というドラマがありました。その1シーンで見たセリフをよく覚えています。校長先生は、荒れた生徒の多いこの学校をなんとかしたいと訴えるんですが、ほとんどの先生が諦めている。その時に山下真司さんが演じる滝沢先生が言うんですね。「もしこれが自分の子どもだった時に、何も意見しませんか？　あの子のために何かをしてあげようと思いませんか？　自分の子どもだったらどうなんですか？」と。子ども達の未来に触れるというのはそういうことで、自分の子どもだったら、自分の兄弟だったら、ということを考えて距離感を詰めないといけないと思うんです。子ども達には、先生たちの本気のオーラが見えますから、それが見えなければ心は動かないし、やる気スイッチはＯＮにならないんです。ただ担当科目を教えるのは普通の先生で、素晴らしい指導者は「生徒の心に火をつける」という言葉があります。ただ勉強を教えても物事は好転しません。教えながら心の変化を作り上げるには、本気のオーラを持っていないといけないんですね。心まで届かず、心が動くという現象がないから、肉体で反応して暴力的、反抗的になっているんです。

――生徒の側から見たときに、「あの先生は面倒だから、おとなしくいうことを聞いておこう」というケースもあれば、逆に、特に若い先生などの場合は、生徒の方も少し軽く見ていたりするケースもあるように思います。

平岡　生まれてすぐから悪い子は誰もいませんよね。つまり、後天的な要素によってそういった態度をとるようになったわけです。ということは、中学校や高校に入ってから悪くなったわけではなくて、それまでに積み上げてきたものが、その形になって表れているんだと思います。ないがしろにされたことが原因になってそういう態度を取ってしまうわけで、そういう意味ではその子達は犠牲者なんですね。子どもが悪いように言われますが、関わった大人の責任が、ああいった現象を作っているだけだと思います。ということは、どこかで助けてあげなくてはいけない。私も、親と同じレベルでその子を変えたいと思えば、やっぱり選手たちの前で涙することもあります。そうやって、教師の側の一生懸命さが伝わらない限り、その子も変わりません。要するに温度が上がらないわけです。子どもたちを「鉄の塊」とした時、温度が上がらないまま形を変えようと思ったら、削るか叩くしかない。しかしそれは両方とも苦痛ですし、何も変わらないんですね。しかし鉄の温度を上げて柔らかくすれば、子ども達が自分から変化できる。それが、子どもの内側に、心に火をつける作業だと思います。「この先生についていけば大丈夫」、「この人が言うことなら信頼できる」と感じさせられるかどうか。そういったものがないから、社会に対して斜に構えたり、「大人なんか信用できるか」と、悪びれた態度をとるわけです。でも、成長に導いてくれると信頼できる大人が１人でも近くにいたら、「俺もこの人みたいになりたい」となる。お手本になる大人を見た時に、子どもは変わるんですよ。

――それは、親かもしれないし、学校の先生かもしれないし、信頼できる先輩や、アルバイト先の上司がそういう存在になる可能性もありますね。

平岡　尊敬できる本物の大人に会った時に、子ども達は本当に本気になるんですよね。そして、変化し、進化していくんです。本物を見せるというのも、そういうことなんです。

――本気のオーラを持った、本物の大人に会って、そのエネルギーに触れると。

平岡　動物園や水族館や図書館と同じように、スポーツなどを体験することが人生を変える大きなきっかけになるということです。自転車だって、転んでも転んでも、乗れるようになったら一生乗れますよね。体験で積み上げたものは、一生の財産になるんです。だから、外を向いて、チャレンジを繰り返すことが大事なんです。

——ということは、子どもがそうなれない時や、大人を馬鹿にしている時は、大人の方がまだ心を開けていないのかもしれませんね。これまでの教員としてのキャリアの中では、若い先生から、生徒との接し方などについて相談されたこともあると思いますが、そういった場合はどう対応されてきたんでしょうか？

平岡　現象には必ず原因があるので、まずその原因を確認しないと課題を克服する改善策は出せません。ですから、なぜそういう現象が起きているのかを探り、その原因を改善すれば前に進みますね、という話をします。そして段階的にしか変わっていかないから、それをやってみてからまた話しましょうと。私からその対象の生徒に直接言って説得すれば事態が変わる可能性もあるかもしれませんが、そんなことはしないほうが、その先生のキャリアには大切なことです。原因をきちんと確認して、それに対して方策を作っていく。その努力をすることが大事で、「目の前の生徒が参考書というのは、こういうことだよ」という話をして、その努力に対しては、「話を聞いたからにはサポートしていくし、先生の頑張りをこれから見ていくから」と。そうすると、その先生には安心感が生まれるでしょうし、私との信頼関係で、ものごとが動いていくようになったりします。生徒との関係でも、コミュニケーションを通して、「平岡先生に相談してよかったな」という、実感を持ってくれることが大切ですから（笑）。

――子どもと親、生徒と教員と同じように、先生同士も信頼関係が大切なんですね。

一生懸命は、格好いい！

――大人を馬鹿にするとか反抗的ということとは違いますが、中学生や高校生の頃には、例えば、一生懸命なところを見られるのが恥ずかしいとか、失敗した時に照れ笑いをするといったこともありませんか？

平岡　初任校の熊本商業高校にいた頃の話ですが、ある強豪校と練習試合をした時に、相手チームの選手が、うちの選手が空振りした姿を見て笑ったんです。すると当時のキャプテンが相手のベンチに走っていって、「何がおかしいんだ、一生懸命やっているやつを笑うな！」と言ったんですよ。それから時間が経って、チームとしても力をつけた後にもう一度練習試合をしたら、今度は接戦になるんです。勝てなかったけれど、いい試合をしました。そしたら今度は、試合後に挨拶に来た相手の選手が、我々のベンチの前で唾を吐いたんですね。それでまたキャプテンが「先生、俺はもう我慢できない」と怒ったんですが、私はこう言いました。「今はその刀を抜くな、あいつを切ったら錆《さ》びる」「サッカーでお返しすればいいんだ」って（笑）。そういう会話をしながら部員全員が本気になっていくと、「あの学校にだけは絶対に勝ってやろう」というふうに、ベクトルが揃ってくるんです。そういう、集団を一つにする力を持った、周りを動かす働きかけができるリーダーや仲間が身近にいることも大事です。

その点でも、スポーツをやる意味は小さくないと思うんですよね。

――確かに、大人の働きかけで心が動かなくても、身近な人や同級生が一生懸命に何かに取り組んでいる姿を見ると、淡白な人の心にも火がつきますね。

平岡　小学校の運動会で挨拶をすることがありますが、「今日は、やる人、見る人、支える人、誰もがすべての立場になるので、どこで自分の心が動いたか、どこで感動したか、涙が出そうになったか、そういったことを今日は経験する場所だよ」という話をします。「その大前提は、一生懸命はかっこいいんだということ。それがなければ、この大会は成立しません」と。そして胸に手を当てさせてみて、「ドキドキしている人、いつもより心臓の音が早い人はいますか？」と聞くんです。「それは、心が成長する準備をし始めているんだね」と。そういう話をしてあげると、子ども達でもわかるんですね。

――とはいえ、一生懸命に取り組んでも、必ず結果が出るとは限りません。その時に、努力が足りないからだとは言えない、つまり元々の能力や資質の問題だった場合はどうすればよいでしょうか？

平岡　たとえばトップトップはもっとリアルで、１００m競争は1位から8位まで全部、順位が出ますね。みんなが世界一になろうと、努力して練習しています。だけど何かが違う。それはその時のコンディションだったり、元々の素材だったり、理由はいろいろあるでしょう。それでも、自分を変えるエネルギーをここから発信するんだと、大好きな陸上競技に取り組んでいるわけです。熊本県出身のスプリンターで言えば、末續慎吾さんも江里口匡史さんも、第一線ではなくても、今も走っているでしょう。それがライフワークのようになっていますよね。「好きなものに出会えたことによって、自分は成長できるんだ」ということで、続けていると思うんです。つまり、結果を求めるところからだんだん変化して、勝つか負けるではなく、人生の中心にあるものに変わってきて、「この武器を活かして、よりよく生きるんだ」というふうになっていくんじゃないでしょうか。私にとってのサッカーもそうなんですよね。

――それを学校の授業や学習に置き換えると、努力した分がそのままテストの点数に反映されることもあるけれど、されないこともありますね。やり方が間違っているのか、量が足りないのか、いろんな理由があるかもしれませんが、それでも続けなくてはいけない。

平岡　結果が出て諦める若い子達は多いんですけど、それは「今できなかった」だけで、これからさらに努力をすれば、これからすごい大人に会えれば、変わる可能性はあるんです。私たちと比べてまだまだたくさん、その時間があるわけですから、子どもたちや若い人たちは本当に羨ましいと思います（笑）。自分を変えられるような素晴らしい出来事に、これからまだ出会える時間がある。

――確かに、失敗してもやり直すチャンスは若い方が多くありますね。だからこそチャレンジする姿勢が必要になってくると。

平岡　筋肉も鍛えなければ強くなりませんし、脳も鍛えなければ細胞が活性化されません。鍛えるというのはどういうことかと言えば、本人たちが無我夢中でチャレンジするのが大前提で、やらされるよりも主体的にやる、努力する、そしてそこで終わらず、夢中になって頑張るいうことです。多くの人はその手前で終わっていますし、努力するという、もうひと息のところで終わっている子もたくさんいるんじゃないでしょうか。だから成果になって出てこない。人生の中では成果を出すことよりも夢中になることの方が重要で、そこからしか次にはいけないと思います。「努力したけど、なんだよ、何にも変わらないじゃないか」、「俺はダメなんだ」と自分を責め始めたら、チャレンジもそこで止まってしまいます。そういう意味でも、人を責めない、自分を責めないことが大事なんです。

――やろうとしたことがうまくできないと、どうしてだろうと考えて、「自分に力が足りないからだ」と思うことは大人でもよくあります。

平岡　そういうふうに自分を責め始めたら、モチベーションや次のやる気は生まれてきません。「いやいや、これは今できなかっただけだ。俺は絶対この後、もっといい選手になるんだ」とか、「次こそこれが解けるようになってやるんだ」と考える方が、繰り返しチャレンジで

高円宮杯U-18サッカーリーグプレミアウエストの試合を見守る著者（右端）。続いて古閑健士監督、山城朋大コーチ、今年からコーチとなった著者の長男・平岡拓己コーチ

きるでしょう。

——結果的に達成できなくても、そこを目指してやり続けること自体に、尊さや価値があると。

平岡　大津高校サッカー部は2019年にJFA高円宮杯U—18サッカーリーグプレミアウエストに復帰しましたが、ミーティングでは「君たちみたいに、県立学校のチームが頑張ること、こういう場所に今いることが尊いんだ。結果云々じゃなく、ここからみんなのキャリアは変わってくる、この場所に大津高校がいるということが尊いことなんだ」という話をするんです。目配り、心配り、言葉配りといったものを大事なところでタイミングよく発信して、子ども達の心に火がつくようなコントロールをすることが重要で、家庭でも学校でも、地域でも、それをやらなくてはいけなんですよね。

自分や他人を「責める」のではなく、問題を「攻める」

――30年以上の教師経験を通して、保護者に求めることというか、こういうことで協力してほしい、理解してもらいたいというものはありますか？

平岡　保護はいいけれど過保護にならないことが一つですね。学校でも地域でも、なんでも与えればいいわけではありません。本当に大事なのは、見えないところで、本人たちが自発的にやることから発生する人間力です。それは何かと言ったら、チャレンジすること、前向きに、ポジティブに取り組んでいく主体性だと思います。それが、努力して終わりではなくて、夢中になるという、一番のやる気スイッチを入れる部分なんですね。しかし過保護だとそこにブレーキがかかり、ポジティブに取り組もうとする機会や環境も奪ってしまうんです。最善を尽くしているつもりで実はチャレンジする環境を奪う親が増えていくと、子ども達が成長きるで場所はなくなってしまいます。

――家庭で育てるというテーマでうかがった部分でも、水をやり過ぎないというお話でした。

平岡　愛情は注いでいいし、保護も必要です。しかし本当にそれがベストなのか、チャレンジする場所を奪っていないかを、いつも判断しなければいけないと思います。ですから、子どもが何かにチャレンジできたかどうかは、親としてのスタンスが正しいかどうかを確認することになると思います。

――学校で何かするにも、「それは危険だから、やらせないでくれ」というのではなくて、チャレンジできたかどうかを見るべきだと。

平岡　親が安心するのは、弁当箱がカラになって帰ってくることや、泥だらけの練習着を持って帰ることだったりしますね。それで、「子ども達がチャレンジして頑張ったんだなぁ」と感じられると思うんです。もちろん、確認の仕方は親によって違うと思いますし、下宿していれば見えない部分も多くあるかもしれません。しかし、たとえば15歳で家を出て下宿へ送り出すのであれば、その時点で特別の信頼関係ができていているとも言えます。そうでなければ行かせませんよね？「彼はあそこに行けば成長する」、「彼女はあそこに行くからこそ次があるんだ」という、家庭教育の中で判断できる材料を積み上げた結果として、その決断に至っていると思うんですよね。積み上げた中で、子どもが自ら「自分はあそこに行ってチャレンジしたいんだ」と言ってくるということは、そこまでの家庭教育が成功しているということだと思います。その決断そのものが大きなチャレンジなんですから。

――その決断ができるということは、教育も間違っていなかったと思っていいと。

平岡　過保護ではなかったということですから。

――ということは、幼い頃でも、子どもが何かやりたいと主張するのであれば、その欲求を尊重する方が良さそうですね。

平岡　その手前に、「この子はこれが好きなんだな」、「これに興味を持っているんだな」というふうに、親にしかわからない部分をきちんと見て、家庭で共有し、それを理解しておかなければいけないでしょう。食べ物でも、この子は何が大好物で、何が嫌いかというのは、よその家では分かりませんからね。親だからこそ分かるという部分をたくさん持っていれば、子どもは安心できます。食べられないものが出されたときも、「アレルギーなのでだめなんです」と退けてやれば命を守れるますが、そのことを知らない、言わないでアレルギーのものを食べたら、アナフィラキシーショックになるかもしれませんよね。そこにも、安心で安全な場所かどうかという、親と子どもの信頼があるわけです。

――そういう意味でも、最低限必要な情報は家庭と学校で共有しておかないといけませんね。

平岡　そこに人権やプライバシーがどういう形で存在するか、そのあたりの配慮は必要ですが、命を守るというテーマから逆算するなら、やはりその子のストロングな部分、ウィークな部分は、関わる大人全員が共有しておくべきだと思います。

――連携したり、共有したりするための土台にあるのは、命を守るということなんでしょうか。

平岡　まずは命を守る。そしてそれができたら、「よりよく生きる」という順番になるでしょう。それには、人権的な立場や障がいの有無、支援の必要性などを踏まえながら、どうすれば「よりよく生きる」ことができるか、子ども1人ひとりに対する配慮を変えていかなければいけないと思います。子ども達は誰1人同じではないし、双子でも違いますから。サッカーの指導でも、個性に応じて、タイミングを見てポジションを変えたり、適材適所を意識しながら子どものやりたいことにチャレンジさせたり、自由な発想を優先した方が成長力は増すんです。型にはめると、その指導者以上の選手はできませんし、個性も消されてしまいます。それを無理やり作ろうとすると、子ども達は犠牲者になってしまい、大好きで夢中に頑張っていたこともどんどん嫌いになって、その場所に居ることすら嫌になってしまう。そこで環境を変えられればいいんですが、学校を簡単に変えるわけにはいきませんし、合わない先生とずっと一緒なら、その子の未来に対してはリスクにもなりかねません。

――確かに、自分ではどうにもできないことに直面して、次の段階へ進めないということもありますね。

平岡　講演でも時々話しますが、人間というのは、何かがうまくいかなくなると、環境のせいとか、他者のせいにしたくなるものです。でも、そういうふうになっている時は、その空間の成長が止まっている時なんですね。人のせいにしたり、環境や物のせいにしたりするときは、親も子どもも停滞している時です。そうではなく、自分のフィルターを通して目の前の出来事を受け入れて、自分を責めず、人も責めず、問題を「攻める」ことが大事なのかなと思います。サッカーの指導をしながら思うことは、自分を責め過ぎても人を責め過ぎても結果は変わらないわけですから、発生した課題や問題を攻めていくという、前向きでポジティブな方向を意識することが重要だということです。

――「攻める」というのはどういうことでしょう。立ち向かうということですか？

平岡　ほとんどの子ども達は授業が終わってホッとしているなか、本当に授業に夢中になっている子は、「ここはどうしてこうなるんですか？」「ここをもうちょっと詳しく教えてください」というふうに、終わってすぐ、目の前の疑問や問題に対して質問ができるでしょう。それはスポーツも、芸術も音楽も同じで、興味が湧いて、自分から進んで取り組めているサインのひとつなんですね。ですから、最終的に「夢中になる」ということは、人を責めたり自分を責めたりするのではなく、発生する問題に対して前向きに攻めていけることではないかと思います。

第3章　地域と育てる

安心・安定できる環境をどう作るか

――最後のパートでは、地域における教育についてうかがっていきたいと思います。家庭や学校とは違う部分で、地域に求められる役割や機能にはどんなものがあるでしょうか。

平岡　安心、安全で安定感のある環境づくりは、子ども達の命を守るために必要なことです。家庭だけでも、学校だけでも子ども達を守ることはできませんから、地域の中で、社会の中で育てるという考え方が必要になります。その前提には、「子ども達の命を守る」という考えがなくてはいけません。「子ども達の命を守る」というテーマを地域全体のことと考えたら、無関心ではいられなくなります。社会の中での人と人とのつながりの関係が、安心や安全、安定の環境を作る要因になっていくからです。

――命を守るという考えが前提として必要というのは、どういうことでしょうか？

平岡　社会での現象として、虐待や体罰のニュースが報じられることが増えていますよね。子ども達も多様化してきていますし、教育も複雑化してきています。ですから、先生や学校に全てを任せるのではなく、地域としてできることは地域でやりましょう、もっというと、「合理的な分業化」を行うということです。

――そうしたことを地域の問題として捉えると、どうして命を守ることに繋がるのでしょうか？

平岡　登下校時の安全確保の指導や見守り活動だったり、地域を知るための総合学習の中であったり、そういった協働活動も、学校と地域が連携、協働して取り組めば、地域で何が起きているのか、学校の現状はどうなっているのか、わかります。おせっかいという意味ではなくて、各家庭で何か問題はないか、そういったことも可視化されるようになりますよね。さらにそれらは、教員の長時間労働の改善にもつながります。文部科学省の中央教育審議会も、2019年1月の答申で、登下校の見守りや校内清掃、部活動指導など14業務について、地域や自治体との役割分担を進めるよう促しているんです。

――そうした取り組みは同時に、災害時対応などにおいても有効に機能するように思います。区長さんがいて地域に目を配り、どんな人が住んでいるのか、家族構成はどうかといったことをお互いに知っていれば、何かことが起きた場合でも、密に連絡を取りながら対応できますね。

平岡　私たちは、2016年の熊本地震を経験しました。そこでは「自助、共助、公助」がそれぞれの役割を果たしていくことの大切さを学びました。そして、日頃からの共同活動の重要性を痛感したわけです。それは、区長さんや民生委員さん、今でいう評議員の皆さんなど、主たる人たちが集まって、集約された情報が地域の各家庭に降りてくるという形です。ひとつの例ですが、私の母校である宇城市の豊川小学校では、50年にわたって学校と地域の関係会議が月に1回のペースで行われています。「自分達が、子ども達の命を守るんだ」という地域の大人たちの思いから開かれるようになったのだと思います。

――その取り組みは、当時の熊本県内でも珍しかったのではないでしょうか？

平岡　昔はもっとたくさんの地域で同じようなことが行われていたけれど、どんどんそうした機会が少なくなってきたのかもしれません。長きにわたってずっと安定的に続けて行われている地域は稀だと思いますね。

――昔の話でいうと、若い先生も学校の近くに住んで、地域の活動に参加したりしていました。

平岡　先生が保護者と一緒にナイターソフトボールなどのスポーツを通じて親睦を深めていた時代もありました。そういった人間対人間のネットワークは、今も田舎に行くほど太いと思います。家と家の距離は遠いけれど、人と人との距離は近いんです。逆に、東京など都市部では家と家の距離は近いのに、人と人との距離は遠い。どちらが子ども達が安心できるかというと、人間同士の距離が近い方ではないかと思います。定期的に会議を行うことは「おらが町の子ども達は、おらが町で育てていこう」という機運を作ることになりますし、そうしたことの共有を徹底するためにもなるでしょう。田舎では継続できる地域コミュニテイを、現代の都会でなかなか作れなくなっているのは、人間対人間の距離感が原因だと思います。ですから、その距離を縮めるツールとして、スポーツやイベントが有効だと思うんですね。

複数の大人の目で子ども達を見る、熊本版「コミュニティ・スクール」

――しかし現代では、実際にそこまで密な関係を地域で作るのは難しいように思います。

平岡　そこで、地域の方達が学校運営について校長に助言したり、開かれた学校を目指して地域との連携と協働を深めていくコミュニティ・スクールという制度があるんです。

――学校と地域がより強く連携する必要性があるということでしょうか。

平岡　そうです。それまでの「開かれた学校」から、「地域とともにある学校」という表現に変わって、学校が地域の核となり、組織体が広がっていくことをイメージしています。そのために、県や国が具体的な働きかけをして、学校の敷居を低くする。そのことを、わかりやすい言葉でコントロールするということでしょう。もうひとつは、学校のコンビニ化を防ぐという意図もあると思います。「学校ならなんでもある」「学校がなんでもやってくれる」「だから任せればいい」というような風潮もあるなか、学校の先生方は精一杯やっていると思います。しかし、「あれもこれもやらなければいけない」となると、先生方も疲弊し、悪循環になります。好循環をつくるために、家庭と学校、そして地域が、それぞれの役割の中で子ども達に対して責任あるサポートをしていこうということです。

――なんでも学校で、つまり先生方で解決してくれ、とならないような取り組みは、先ほど言われた「合理的な分業化」の話にもつながりそうですね。

平岡　今は核家族化が進み、脈々と続く人間の歴史を語り継ぐ機会や場所も無くなってきています。一方で、おじいちゃん、おばあちゃんが家にいるのなら、どんどん学校に来てもらうことで、子ども達が大人に会う機会が増えますね。それによって地域の大人も、子ども達も、いろんな情報を得ることができる。最近では、学校を活性化させるために、地域の指導員室だったり、開放型の教室を設ける小学校も増えてきているんです。

――詰所のような感覚ですか。

平岡　そうですね。そうやって敷居が下がり、地域の方が学校に来るようになると、複数の大人の目で子ども達を見ることができるようになります。家庭と学校の先生でも足りないなら地域だというふうに、子どもを見守る目を増やしていくことが重要なんですね。

――それが、二次作用的に安全を守ることにもなるわけですね。

平岡　安心と安全な環境作りには、子ども達を見守るたくさんの目を作ることが重要だし、それが命を守ることにもなると思います。

――子ども達の命を守るのが大前提として、複数の大人の目で見るということには、別の意味もあるように思います。たとえば、学業成績とかテストの点数などだけでなく、人間関係の中で「コミュニケーションが上手いね」とか「元気よく挨拶ができるね」とか「思いやりがあるね」とか。そういった子どもの個性、特性を見て、褒めてあげることにもつながりますね。

平岡　そう思います。1つの関係で認められなくても、別の大人が別の角度から見ることで認めてもらえる。また別の大人が見れば、もっと広いところから、また別の部分を認めてもらえる。そうやって自分を認めてくれる人たちが身近にいれば、子ども達の自己肯定感は高まります。「おっ、すごいね」と1人の先生に言われるより、たくさんの大人に言われる方が、本人の自己肯定感はどんどん上がっていくじゃないですか。自己肯定感が上がるということは、生きる力がどんどん増していくということです。安全、安心を担保するのはもちろんですが、子ども達の自己肯定感を高めることも、とても重要だと思うんです。

――地域ごとで、こうした取り組みがもっと必要なのでしょうか?

平岡　国もそれを推奨しています。ただ、人口数万人程度の市町であればシンプルに実現できることであっても、大きな市では難しい場合もあるでしょう。ですから、政令指定都市のようなところは、他と同じでなくてもいいから条例を決めてくださいと。実際、熊本県では熊本県独自のコミュニティスクールをやっています。その他の多くの市町でも、どんどん対応を進めています。地域とともにある、ということが大前提なんです。

――具体的には、どう進められているのでしょうか。

平岡　このコミュニティスクールとは、「学校運営協議会」が設置された学校のことです。学校教育に対する多用な要望に応え、信頼される学校づくりを目指して、保護者や地域のニーズを迅速に、かつ的確に、学校運営に反映させるシステムです。この推進により、学校、家庭、地域が一体となって、より良い教育の実現を図らなければなりません。しかし、保護者のエネルギーや校長先生のリーダーシップの形も違いますから、学校ごとに進められていると思います。ＰＴＡとの連携、地域の区長さん、民生委員さん等との連携がとても重要ですが、宇城市については、とてもよくやってくれていますね。いわゆる「中１ギャップ」の解消や、いじめ、不登校といった問題に対応するために、小中のつながりを意識した一貫教育の中でコントロールしていこうというところから入っています。

——地域住民や保護者の理解がとても重要だと思いますが、問題点として考えられることはありますか。

平岡　ＰＴＡや地域の民生委員さん、区長さんも含め、膝を突き合わせて話し合う機会を作るしかありません。それが地域学校共同活動にも連携しているんです。そこで校長は教育委員会と連携し、学校改革に努め、理想とする教育の実現に向けて、地域に開かれ、地域とともに成長する学校づくりを進めていかなければなりません。

――自分の子どもが近くの学校に行っていなくても、地域住民としての当事者意識を持たなくてはいけないと。

平岡　重要なのは社会総がかりによる教育です。熊本県では、小学校の部活動が社会体育に移行したので、スポーツ指導でもそうした関わりが必要になってきます。その一例として、宇城市では「指導者バンク」を作りました。たとえば小学校の先生がいて、子どもは自分が勤めているのとは別の学校に通っているとします。それを指導したくても、今まではできませんでした。しかし、部活動ではなくなればもう顧問をしなくていいわけですから、教員として勤務している学校にもサッカークラブはあるけれど、指導者バンクに登録することで、市からの指導者派遣として自分の子どもがいる学校でスポーツを指導することができる上に、保険もつきます。それは最後の手段ですが、そういったものが常識的になってくれば、学校の垣根を越えて、自分の子どもを見る時間が作れるわけです。それも社会体育の一部ですからね。

——校区を越えたコミュニティのつながりができそうですね。

平岡　教員だけの目ではなくて、複数の大人の目で子ども達の未来をコントロールできる、そういう世界が理想的だと思います。私の子ども時代を振り返っても、自分の親だけに育ててもらった感覚はないんです。近所の口うるさいおじさんに怒られたり（笑）、厳しい部活動の顧問がいたり、クラス担任でもないのに熱心に指導してくれる先生もいました。複数の目、たくさんの目で見守ることによって、子ども達の変わるチャンスが大きくなると思うんですね。

地域ごとに特色を打ち出す

――先ほど言われた指導者バンクというのはとても良い制度だと思いますが、熊本県内で取り入れているのは宇城市だけでしょうか?

平岡　いくつかの市町でも行われていると思いますし、大津町では地元のクラブチームの大人達が子ども達を指導しています。私の教え子が在籍している社会人チームの選手たちを全員、指導者バンクに登録させようと思っていますよ（笑）。

――社会人クラブがジュニアチームを立ち上げるにあたって、登録している社会人選手が指導者として子ども達を教えるようにしたという話を聞いたこともあります。地域スポーツは子ども達の活動の場であると同時に、指導する場の提供にもなる。それが本来の、地域スポーツクラブのあるべき姿かもしれませんね。

平岡　大津町のクラブでは、体制をより充実させるために、定年退職になった育成に定評のある元教員の方を組織の長にしています。10数年前、大津町から3、4人の選手が一度にJリーガーになったことがありました。それをもう1回、組織を体系化して具体的にやろうというビジョンがあるんですね。

――そういった活動にフォーカスすると、大人の熱意によって物事がどんどん動いていく地域もあれば、逆に停滞する地域も出てきて、いずれは地域間格差が開いていくことになりませんか？

平岡　そうなってくると思います。それぞれの市町の特徴が色濃く出てくることになりますね。たとえば大津町がスポーツの町になってきたのは、ハード面が充実していることも大きな理由ですが、良いバランスでマンパワーがついてきたことも関係しています。１９９９年の熊本未来国体に合わせて立派なスタジアムとグラウンドを造ったけれど、残念なことに、そのあと何も続いていない地域もあります。大津町では、充実したハード面の環境に合わせてソフトまで一気に改善できた。これは、今の学校についても同じことが言えると思います。学習効果を高めるためにICTを導入する動きがあり、ハード面はお金を使えばどんどん整っていくでしょう。しかし実は、それをコントロールするマンパワーがとても重要なんです。

——だからこそ、地域ごとに特色を出していくことがより重要だと。

平岡　いろんなイベントを通して本物を見せる機会を作ることもそうです。スポーツなら、世界を知っている選手や指導者を連れてきたり、文化であれば美術館や図書館の事業を活性化させたりする。そういった働きかけや取り組みを何もしないでいると、人のつながりはどんどん希薄になっていくでしょう。たとえば大津町がサッカーを中心とした「スポーツの街」に発展させることができたように、宇城市も、スポーツの街として発展させていくための策に取り組んでいるんです。その時々で子ども達が夢中になれる場所を作ることによって、子どもが笑顔で輝くように変わっていけば、社会は必ず変わると思います。大人がしっかりと未来をコントロールして、子どもが変われる環境を作っていく。それにはやっぱり、地域社会も無関係ではいられないんです。

――地域社会も無関係ではいられないのは、なぜでしょうか？

平岡　子ども達の安心・安全のための環境づくりでは、行政が果たす役割がとても大きいと感じています。そういった施設は、社会のニーズが具体的に反映される場所なんですね。ただ、そうしたニーズを知るためには、学校からの問題提起だけではなくて、学校と社会がきちんと連携したうえで、「地域としても、この場所をもっと良い環境に変えなきゃいけないよ」という声が必要です。なぜなら、それがあって税金が動いていくわけですから。

――子どもが健全に学習やスポーツに打ち込める環境を作ることによって地域が活性化するから、学校設備を整えたり、冷房設備を入れたりというハード面の整備も、コストをかけてもやるべきだと。

平岡　さっき言ったように、子どもが変わることによって社会が変わるというのが大前提にありますからね。宇城市では、守田憲史市長の英断で「教育のまち宇城市」へのアクションが始まっているんです。

教育行政も、進化のためには変化が必要

――そうやって社会を変えていくには、誰が旗を振ればいいんでしょうか。

平岡　教育行政におけるタテとヨコの連携と協働だと思います。宇城市の場合、守田市長の教育への思いが反映され、市費全体の中の教育費が占める割合が上がりました。それに加えて、熊本地震で大きなダメージを受けた校舎の建て替えには国の予算や県の予算を活用することで、今まで以上の予算が教育に使われています。教育や環境づくりを進めるためには、

市の予算がどう分配されるかが重要なんですね。2019年度から取り組むICTの導入（中学生に1人1台のタブレット）は、九州では佐賀県武雄市についで二番目です。「教育のまちづくり」は、教育委員会と市長との関係の中で、より具体的に、他の市町に負けないよう、教育環境を充実させようとしています。そうやってものごとを動かしていかないと、子ども達の未来は変わりませんからね。

――「進化のためには変化が必要」と常々おっしゃっていますが、行政単位でもそういう取り組みやスピード感が必要だということですね。

平岡　変化できる環境を大人が整えながら、子ども達が自分から変わろうとする努力を継続するから次の進化につながるのであって、目の前にいる子ども達に「頑張って変化しろ」といくら言っても、変化する材料、環境がなければ、子ども達も変わりにくいわけです。ですから我々はまず、チャレンジしやすい環境を提供してあげなくてはいけない。それによって、変化しようと努力する子どもたちが進化につなげるという順番があると思います。

――しかし、そういったハード面などの環境は、やはり大人が動かないと先へ進んでいきませんし、何より費用がかかります。

平岡　大人が今を変えなければ、子ども達の未来は変わりません。陸の上で水泳の練習をしてもダメだし、海の上では50ｍを走れませんよね。プールを作ってあげて水泳の練習ができるから、平地を用意してあげて陸上の練習ができる場所があるから、変化しようという子ども達のチャレンジができて、それから努力して進化するという結果がついてくる。子どもに「夢を持つことが大事だよ」と言うのであれば、その実現に向かってチャレンジを繰り返すことができて、進化につながるような場所を大人が作ってあげなければいけない。それが、家庭であれば親であり、学校であれば先生であり、行政、社会であれば、市長や教育長の仕事なんです。

――家庭と学校と社会のそれぞれで、関わる大人が本気になって、ものごとを動かしていかなければいけないと。

平岡　そういった役割分担の中で、関わる大人がどれだけ「本気のオーラ」を持って子ども達の未来に触れていくか。この子にとって、今、チャレンジして変化に必要な場所はどんなものだろう、道具は何なんだろうということを、より具体的に考える。家庭では親が、学校では先生が、地域では市長や教育長が考える。それが進化につながるわけですが、それを単独で進めるのではなくて、家庭と学校、地域の三位一体で連携していくことが重要なんですね。さらに、「連携できたからOK」ではなくて、それを強化していくことが大切です。それには情報の共有が必要で、情報を共有できたら、共有する内容の質を上げていかなければいけない。連携の強化と共有する情報の質の向上、その違いが地域の格差を作っていくと思います。これからは、いろんな自治体で教育現場にICTを導入していくし、そのための人も入れていくでしょう。しかし、その中で連携を強化することと、共有する情報の質を上げることにこだわらないと、同じ道具を使っても効果は違ってきます。子ども達は同じようなエネルギーを持ってそこにいるわけですから、大人が本気になって向き合わないといけない。本気の人間が何人いるかで、子どもの未来は変わるんです。

――行政の中に身を置かれて、教育を変える中では首長と教育長や教育委員会が旗を振ることが大事だという話でした。しかし行政だけでなく、学校の中でも従来の前例があります。固定観念をどう打破すれば良いでしょうか。

平岡　何かことを起こそうとした時、動かないからと諦めるのではなくて、てこの入れ方を変えながらやってみる。それによって、少し動いたところで押す方向をコントロールしていく。「大きな石だから動かないね」と諦めるのではなくて、まず触ってみる。そして全体を見てみて、「ここに棒を入れたら少し動くぞ。よし、じゃあこの方向に押していこう」というように、少しでも動く場所を探しながら、ものを作っていくことが大事なんです。

――要は、正解は1つではなくて、それぞれの地域に合ったやり方を見つけなくてはならないと。

平岡　「どうすれば目の前の子ども達の必要性に応じたアウトプットができるか」を、自分のフィルターを通して考えることだと思います。真似したいものがたくさんあったとして、それをただ真似するだけで終わるのではなく、目の前にいる子ども達にどうやったらうまく伝えられるかを考えなくてはいけない。首長が自分のフィルターを通して教育に対する思いを発信するから、私も自分のフィルターを通して、「市長、市政はもっとこうしたほうがいいんじゃないですか」と伝える。流行は確認し尊重しても、流されずに目の前の現状を的確に把握できる力が重要だと思います。流行や現状を確認するからこそ、自分のフィルターを通したアウトプットもできるわけですから。

――つまり、常識を変えると。長く勤務された大津高校では、サッカー部の生徒たちが始めた朝練習が学校全体の物差しを変えて、始業前に登校して勉強する生徒が増えたという話もありました。気づいた人が何かを変えれば、それがきっかけになって周りも動いていくということでしょうか。

平岡　誰しも本気スイッチを持っていて、どこかで「チャレンジしたい」「燃えたい」という欲求を持っていると思うんです。大津高校ではサッカー部が頑張っている姿がスイッチになったように、宇城市では市長が熱弁している瞬間の姿や、教育長が汗をかいているところがスイッチになるかもしれません。我々のような立場であれば、周りの人の本気スイッチをどうやってオンにするか、そのための働きかけが求められていると思うんですね。

――市長と教育委員会が教育改革に取り組もうとしている姿を見たとき、他の職員や教職員もそれに動かされると。

平岡　「あ、これは本気だな」といかに思わせることができるかです（笑）。教育委員会の立場で言えば、今まで動かなかったものを動かすということは、「市長をどうやってうなずかせるか」ということなんです。逆に、「この金額で市長が決済したということは、教育に力を入れるのは本気なんだな」ということになるわけですね。だから、教職員へのＩＣＴ教育の研修教育もしっかりやっていこうとか、民間とのタイアップもこうやって具体的に進めようということが動き始めていきます。他にも、英語教育を宇城市の特徴にしようと考えているところです。私が来る前から宇城市では英語に対して力を注いでいましたし、大学入試でも民間の試験が採用されるようになりますから、聞く、話す、読む、書くという4つの領域を意識した中で英語科の力をつけるために、小学5年生から中学3年生までの5年間、英語検定の受検料を全員無料にし、市としてサポート、検証していきます。また、これからはALT（外国語指導助手）の増員も検討しています。それは、将来の英語教育の充実と合わせ、ネイティブが話す本物の英語に触れる環境をどう作るかということになるわけです。ただ、これらも1つの例であって、「これをやったから安心」というものはありません。まずはこれをスピード感を持って進めて、ある程度のところまでいったら、あとは他の担当者にやらせても大丈夫だという見極めが必要です。今、加速させなければいけない部分は何か、その次に早く進めなければいけない部分は何か、そして、それが動き出せばまた次、というふうに、先見の明を持って、次々に進めていくんです。

人材育成にも「ストーリー」を描く

――次から次に手を打っていく、立て続けにやることが重要だということでしょうか。

平岡　先読みです。さっきの話に戻りますが、子どもが変化しようとする中で、安心と安全、そこから安定した環境を作るために、大人がどうやってサポートしたらいいのかを考えて場所を作り、それができたら、その先の部分は指導の才能のある人たちに渡して、次の「ゼロから1を作る作業」に移っていく。そういうことが、リーダーシップのなかで重要だと私は思います。そうやって信頼感を構築していかないと、組織はたいてい、トップダウンになってしまいますね。ボトムアップの構図を作っていくには、仕事を任せられる人材を育てなくてはいけません。

——ある本で、「何かを頼まれるのは、できると信頼されているからだ」というのを見たことがあります。

平岡　「頼まれごとは試されごと」ってよく言うんです。教え子にも、頼まれた仕事を「忙しいからできませんと断るな」と言ってきました。「忙しい人は一生忙しいし、暇な人は一生暇なんだ」「お客さんがたくさん並んでいる店にみんな並ぶんだ」と。たとえば、ある先生が、

「平岡先生すいません、これ、サッカー部の生徒の願書なんです、実は明後日が締め切りなんです」と言って、大学に提出する書類を持ってきたとします。「こんなにギリギリですいません」と。そしたら、目を真っ赤に充血させてでも次の朝に渡してあげる。そうすると「平岡先生あんなに忙しいのに、こんなにやってくれた」って、その先生はサッカー部の大ファンになってくれるわけです（笑）。もっと言うと、「自分もああいうふうになろう」と、いい意味でお手本にしてくれるかもしれない（笑）。ですから、同じ頼まれごとをやるにしても、ただやるだけじゃなくて、「こうしたら、頼んだ人の心が動くだろうな」っていうことをイメージして、ストーリーを先読みして、そこから逆算していくんです。そういった不測の事態に対応できる準備をしておくことは、ある意味では教員としての経験値でもある。なんでも想定した通りに行くはずはありませんからね。

――想定した通りにことが進まないというのは、サッカーも同じですね。

平岡　講演でも、「サッカーの監督は、イレギュラーな事態にどう対応するかで才能を問われるんです」ということをよく話します。講演に行って、モニターを使うときに音が出なかったり映像が出なかったりというトラブルが起きることもありますよね。そういうときには必ず、「私がサッカーの監督として大事だと思う資質は、こういうふうにうまくいかなかったときに、どう話を繋ぐかってことなんです」と話すんです（笑）。音が出ない、映像が出なくて迷惑をかけてるなって、運営の人も困ってるんですよ。これは失礼だって。でも、「慌てないでください、私はここで喋るのも得意ですから」って言うと、終わった後に「すみませんでした、ありがとうございました」と感謝されて、話の求心力も変わってくる。そういうのは、前もって準備しておかないとできません（笑）。

――周りの人がどんな反応をするか考えて、準備しておくことが必要だと。

平岡　そうなんです。シュート技術を上げるために、フォワードの選手にゴールキーパーをやらせることがあるように、反対側の立場の人の気持ちを意識させてみることも、ときには必要です。得意なことは自分中心に動かせますが、不得意なことは誰かと協力しないと先に

日本テレビ「世界一受けたい授業」に講師として出演した折に
同局の藤井貴彦アナウンサーと

進められませんよね。でも誰かと協力することによって、自分の才能がまた伸びていくこともある。それが私が思う、考えるということです。相手が何を考えているかを考え、そして自分の行動を考える。考えることを習慣化するにも、自分1人のことだけを考えるのか、周りにいるいろんな人のことまで思いながらやるのかで、人間の器は変わってきます。ドリブルが得意なら、まずは試合でどこまで通用するかやらせてみる。でも、「サッカーというスポーツは守備もしなきゃ周りと付き合えないよ」ということが少しずつ分かってきます。得意なことで武器を作らせておいて、「もっといい選手になるには、この要素も必要だよ」というふうに、次の強みをくわえていくのが人材育成だと思います。「牙は抜かない程度に磨く」というのもそういうことです。自分の思い通りにさせようという人の元では、その人が教える以上のことはできないわけですから、個性のない集団になってしまいます。自ら学んで、自分のストロングポイントを生かして人生を切り開いていくほうが、生きている価値も高まるじゃないですか。

「外を見る」ことの重要性

――以前、先生は小学生の頃から日本サッカー協会の強化指定選手として、1人で関東の合宿に参加したり、あるいは高校からは海外にも行ったりという経験をされてきたと伺いました。そのとき、スポーツ環境や地域での取り組みについてはどう見ていたんでしょうか？

平岡　実をいうと、選手時代はホテルと競技場の往復だけでしたから、そういった部分はよく見ることができませんでした。しかし自分の目で見ておかないと子ども達に伝えられないなと思ったので、指導者になってからは、春休みになればヨーロッパやブラジルへ行って、そういった部分を見ることを目的にしていました。子ども達は、「平岡先生は何を、どこを見てるんだろう」と感じたと思いますが、明日の試合に勝つとか、熊本県で優勝するということではなくて、インターナショナルなスポーツであるサッカーをもっと楽しむには、こうなんだというところを見るようにしていました。「行ったこともないのに、どうしてそんなこと

教諭時代、春休み期間などを利用して海外へ
ブラジルを訪問した折にジーコとともに

言えるんですか」と言われれば、「俺は全部、行って見てきたよ」「行ってきたからこういうことが言えるんだ」というのを、子ども達を変える大きなエネルギーにしたかったんです。

――外を見ることは子どもにとっても必要なことだけれど、それが大事だと伝えるには、大人も見ておかなければいけないということですね。それによって、どんな変化があったでしょうか？

平岡　すると一気に動きましたよ。熊本県のサッカー協会に「海外遠征に行きたい」と相談しに行った時に、「誰も行ったことがないからダメだ」と言われれば、「じゃあ私が行ってきます」と。当時、熊本からそういう世界に行ったことのある人は誰もいませんでしたが、「こういう取り組みが新しい力を作るんだ」と知ってもらうためにも、自分が見に行かなくてはと思っていましたね。「百聞は一見にしかず」とよく言いますが、本当にそこに行ったことがない人、本物を見たことがない人が使っても説得力はありません。でも行った人、見た人なら、「あそこに行けば、お前たちの未来が変わるよ」と言える。なぜなら、「こういう場所なんだよ」と言えるわけですから。そうすると、「なんだ、これは熊本の大津高校で平

天皇杯決勝戦を長女・夏希と観戦した際に
ハリルホジッチ監督（当時日本代表監督）と記念撮影

岡先生が言ってることと、あんまり変わらないじゃないか」というふうに理解させることができるし、ヨーロッパやブラジルまで連れて行かなくても伝わるようになる。私がそうやって外を向くようになった一番の入口は何か。そのエピソードを1つ紹介すると、私は祖父にとって初孫でした。初孫を抱く時、普通は顔を手前に向けると思いますが、商人だった祖父は常に、私を外に向けて歩いていいました。それは「早くシャバを見せるためだ」と話していたそうです。空いた時間があれば、自転車の前のカゴに乗せてあちこちに連れてってくれました。朝からの卸の業者の車の前にちょこんと乗って、夕方に帰ってくることもあったそうです（笑）。そうして育てられたので、最初の後天的な要素として、私にも「行きたい、見たい、触ってみたい」という願望が小さい頃からあったのだと思います。生まれてすぐに子どもの教育が始まるとするなら、そこに関わる人間がたくさんの情報を与えて、この子は何に興味を持つのかということを観察し、絞り込む。そこからだと思います。

——小さいうちから外に目を向けて、いろんなものに触れることで、子どもが何に興味を持つか、何に夢中になれるかがわかるというのは、家庭でのパートでもあったお話でした。

平岡　ですから、「小さい頃から、いろんな競技をやらせておこう」とか、「いろんなものを見せておこう」ということが、子ども達の可能性を広げていく大人のアクションだと思うんです。そういったことを通して子ども達の恐怖感を無くすことができれば、チャレンジする力をどんどん蓄えながら、12歳、15歳の節目を迎えることができますし、自治体や地域、社会が用意するいろんなイベントにもチャレンジできて、子ども達が外を向くことができます。「これが大事だから」と大人が引っ張っていくのではなくて、「大好きな選手が来るから、今度あそこに行ってきていい？」とか、「興味がある絵を見たいから、連れて行って欲しい」と、子ども達が主体的になる方がいい。いくら本物を持ってきても、子どもが行きたくないところに大人が「行きなさい」と引っ張っていくのでは意味がありませんから、子ども達の感性を大事にして、自発的にそこに行けるような方向づけをしてあげること、それが大人の責任だと思います。社会がいくら用意しても、子どもの習慣が内向きならそこに行こうとは思わないでしょうし、せっかくの機会を生かせないわけです。だから並行して、「こうやって外向きになることで、自分の人生は変わるんだよ」ということを伝えて、積極的に参加できる人を作っていかなければいけない。小学校でもアクティブラーニングを取り入れ、積極性がある子ども達を高く評価するのは、受け身ではなく、自分から主体的に、自発的にチャレンジできるようになるよう、促すためです。それがたとえば海外であっても、あのスポーツがあるから、大好きなあの絵を見たいから、だから行きたいんだというように、自分から能動的に行動できるようになることが、やっぱり一番大事だと思います。私はそれを親から授かって、すごく得したと思ってるんです。

――広い世界に目を向けることは、本物を見るということにもつながるわけですね。

平岡　チャレンジして新しいものに出会って、夢中になれることに向き合う時間を作らなければ、成果も課題も生まれません。「三位一体」とはよく言ったもので、家庭もそうだし、社会も学校もネットワークが大事なんです。昔は、先生に怒られた子どもは「お願いですから家には言わないでください」と言っていましたよね。それは、お父さんやお母さんに伝われば「家でまた怒られるから」という理由だったと思いますが（笑）、私の時代は、保護者と先生が、子どもの成長のために小さなことでも本当によく話していたんです。今は、親と先生が手を取り合うだけではなく、足を引っ張り合うこともあります。最近よく聞く「チーム●●」という表現がありますが、あれはスポーツから来ていると思います。スポーツが人の繋がりをより効果的に構築できることが知られるようになって、そういう言い方が使われるようになってきたんじゃないでしょうか。

――部活動においても、指導者が全てをコントロールするより、自主的な取り組みの方が成果が出

平成27年に授賞した「熊日スポーツ賞　指導者賞」

ると言われますね。そうしたことで、教室での授業にアクティブラーニングが取り入れられたのでしょうか。

平岡　1人ひとりが変化するエネルギーが大きい授業はどんな授業かと考えたとき、先生が動きながら、子ども達が教え合いながら、そして質問を自分のものにしながらといった活動的な授業の方が、子ども達の変化が大きいことを先に述べました。昔あった停滞感のある授業のように、先生が黒板に書いたものを写しながらやっていくスタイルではなくて、もっと違う意味で、子ども達の気づきの量を増やし、チャレンジする場所をたくさん提供する方が子ども達は変わっていく。それがアクティブということだと思います。スポーツの指導で名将、名伯楽といわれる人たちは、いつの間にかそれをやっていて、指導を受ける方は「あれ？　自分はいつの間にこんなにできるようになったのかな」というふうに、「チャレンジしたことが成功に繋がったんだな」と気づく。自己反省まで含めて、「あの先生が認めてくれているから、自分は大丈夫だ」という安心感を感じることができたら、肯定的にまた頑張れるようになる。そういう循環が生まれてくると思います。

――自分の生まれた町でそうした環境が整っていれば、育ったところで学べますし、それが地元に還元されていくというサイクルができますね。

平岡　12歳、15歳、18歳という成長の節目のタイミングで、子ども達が自分で自分の未来を考え、「あそこにいけば自分が変化できる」と、次のチャレンジができる場所を自分で決定できるのがベストです。ただ、そこで内向きと外向きのバランスをコントロールしていく必要があると思います。

――内向きと外向きのバランスというのは、具体的にはどういうことでしょうか。

平岡　外へ出て成功するためには、自分自身の内面をきちんと理解しておく必要があると思います。「内向き」と言っても、ネガティブになることは私のなかではマイナスの意味ですが、自分を見つめる意味で内向きになることは、とても重要だと思っています。それは自分のストロングやウィークな部分を知ることに繋がります。そうやって自分を客観的に理解し、大切にできる人間でないと、他人を大切にすることもできませんし、自分を大切にできない人間がただ外向きになっても、成長することは難しいのではないかと考えます。自分を知るのは大切なことだけれど、ネガティブな内向きではいけないし、外向きがいいといっても能天気ということではないんです。内向きというのは、思慮深く、自分をどう理解するかを考えるということだし、外向きというのは、自分のその力をどこでどう発揮すれば変化の先の進化に進めるのかという、チャレンジ精神の源になります。ネガティブな内向きになってはいけないし、外向きといっても馬鹿みたいに能天気でもいけない。思慮深さとチャレンジ精神、そのバランスが大事だということだと思います。

――外に目を向いた時は、足元なり帰るところが安定していないといけませんね。逆に、帰るところや足元が安定していれば、安心して遠くまで行ける気がします。

平岡　自分の可能性を信じて外向きにチャレンジし、そこで活躍できるのは、戻るところに安心感があるからで、戻るところ（＝拠り所）がないというのはやっぱり不安であり、恐怖ですからね。だからこそ、私達は「オール宇城市」でより良い空間づくりに努めていかなければならないと思っています。

地域における学校やスポーツ、文化の役割

――今までのお話からすると、地域づくりでも目指す将来像を描き、共有して、そこにアプローチしていくために、どんな段階を踏んで進めていくのかというストーリーを描いておくことが必要に

なりそうですね。

平岡　地域として人材育成の意識を持って、複数の目で人を作る作業をするにも、戻るところはやっぱり学校で、そこが拠点なんです。学校が核になることで、地域コミュニティは活性化されます。たとえば、地元の学校が廃校になってしまうと地域のモチベーションも下がってしまう。子どもの声が聞こえたり、若い生徒が近所を歩いているだけでも違うんですよ。つまり見える部分だけではなくて、見えない部分でも学校は地域の核になっていく役割を担っていると思います。子どもが変われば、地域も社会も必ず変わるという持論がありま す。ですから、学校がなくなるというのはすごく大きな問題だと思います。

――小さい単位では校区や自治体ですが、それは国全体の話にも置き換えられますね。

平岡　世界に置き換えても同じです。私は、「笑顔」が新しい力を生み出す1つのツールだと思っています。子ども達が笑顔で輝く環境があれば、それを見て元気になった大人たちがそれぞれに自分のやりがいを見つけ、「今日も充実していたな」というふうに毎日を過ごせるようになる。そうなっていけば、その地域社会が変わっていくと思いませんか？　笑顔は奇跡を起こすと思うんですよ。

――高齢者の方にとっても、子ども達の存在は大きいと。

平岡　たとえば大津高校では、生徒移動のバスを運転されているのはみんな、60歳で退職された人、いわゆるシルバーさんです。あの方達が積極的に運転してくれる理由は、「子ども達と会うことが楽しみだから」だと言われるんです。そういう方が地域にはたくさんいらっしゃるので、スムーズに学校に来てもらえるよう、敷居を低くする。そのための具体的なルールづくりが必要だと思います。高齢者の方々が元気になれば、健康寿命が伸びて、医療負担費用も減って、地域の幸福感の醸成につながります。地域の中心で子ども達や高齢者が笑顔で輝いていれば、いろんなエネルギーが発信されるし、私達はそれを自分流のフィルターを通して感じながら、「この人達のために何ができるんだろう」ということを考えて、本気のオーラを出していく。そうすれば、学校の魅力が高まるのも、学校が地域の拠点になるのも当たり前だし、そういったところから地域に役立つ人材も出てくる。学校を核にして子どもが笑顔で輝くことによって、地域もどんどん変わっていく。それが、社会が変わる大きなエネルギーの根本なんだと思います。

――とはいえ、社会が変わったと言えるようになるには、10年単位の年月が必要な気がします。

平岡　地域のポテンシャルによると思いますが、宇城市では私は5年程度と考えていますね。風穴をあけるだけではなくて、風穴を開けた後に、その渦に周囲を巻き込もうと思っていますから（笑）。

――その子たちが大人になって保護者になるまでの時間は必要ありませんか？

平岡　教育は一過性で終わるものではなく、人格形成の途上にある子ども達に対して常に適切でなければいけませんし、そういう時間的なつながりは必要かもしれません。どんなにAIが出てきても、人を作れるのは人しかいません。やっぱり人が関わることによって人は変わっていくわけですから、子ども達に関わる「人」を変えないと、文明も進化しないと思うんです。企業やものづくりも同じで、人間力を鍛えずに、目の前にあるもので安心してしまったら、前には進まないでしょう。「もっと良くしていくんだ」という向上心や、新しいものへの欲求はやっぱり大事です。しかもそれを机の上だけで高めるのではなく、体験型の野外活動やスポーツなど、いろんなところに出て行きながら高めることが大切です。内向きでなく外向きが大事だというのは、パソコンに向かって情報を仕入れるよりも、外を向いて、人との出会いを大切にしながら成長していく方が、子どもにとって理想的だからです。

――そういう意味でも、スポーツはやはり有効でしょうか。

平岡　教育長に就任後の市議会で、「スポーツ振興にかける教育長の思いはなんですか」という質問に対して、私は次のように答えました。

自分自身もスポーツに育ててもらいました。スポーツによって子ども達が変わり、地域が変わる、その姿を見てきた。だから宇城市としても、全ての市民がスポーツに親しみながら、健康で活力ある生活を送れるように全力でサポートしたいと思っている。子ども達は本物に触れて本気になり、その子達がまた本物に変わっていく。私はスポーツを通して、３つのやる気を育ててきました、それは、「すぐやる、必ずやる、できるまでやる」、この３つです。その精神を持って、宇城市のスポーツ振興にも積極的に取り組んでいきたい。その中心になるのが、子どもも大人も笑顔で輝く場所作りであり、それが地域スポーツの中で重要なことだと思う。

つまり、スポーツは親と学校、社会を結びつける媒体の１つであり、社会を変える大きな力を持っていると思うんですね。

――サッカーを通じて外国もご覧になってきて、やはりスポーツが盛んな街、地域には活気があって、いわば文化の1つとして存在しているということを感じましたか？

平岡　私はスポーツを通して成長してきましたから、そういう空間が居心地がいいというのもあるでしょう。美術を意識しながら育ってきた人たちは、やっぱり美術館に身を置くことが居心地がいいと感じると思います。その点、宇城市は全部揃っているんです。ですからスポーツに限らず、文化面において本物を見せる上でも、図書館や美術館を有効利用しなければいけないし、文化ホールに呼ぶ講演会やコンサートも増やしていかなければいけないと思っているんですね。

――スポーツだけではなくて、音楽や舞台芸術も含めた文化活動に親しめる環境が、地域にプラスの作用や効果をもたらすということですね。

平岡　スポーツ大会やコンサート、美術館に図書館など、子ども達が笑顔で輝く場所をどう作るかなんです。ハコモノを造るにも、子ども達が笑顔で輝くことから逆算して、お金、予算の使い方を熟議することが重要です。なぜなら、繰り返すようですが「子どもが変わることで社会も必ず変わる」からなんです。

――これまでの教員生活の中で、それを具体的に感じられたことはあったでしょうか？

平岡　スポーツに関わる子ども達が増えると、その親はもちろん、おじいちゃんやおばあちゃんも関わってきます。子ども達が一生懸命、夢中になっている姿、輝くところを見て、みんなが前向きになれると感じますね。人材育成の入口としてもスポーツは非常に大きなエネルギーを持っていると思いますし、その延長として、家庭の安定や地域の活性化にもつながっていくように思います。ですから、小学校の部活動はなくなったけれど、学校の施設を使い、その時間帯に部活動と同じレベルで子ども達が夢中になれるような環境を作るのは、地域社会として当たり前のことで、それを本気のオーラで大人がサポートしなくてはいけないと思うんです。これはあくまで体育教員としての捉え方ですから、子ども達が夢中になれるものであれば、それは芸術でも音楽でもいいし、そのための場所を作って提供することが大切なんですね。

魅力ある学校、地域とは

——そうやって地域、社会が活性化されて変わってくると、長期的には人口が増えて、学校が地域の拠点になっていくサイクルができますね。そこであらためて学校自体の魅力というところに立ち返ると、どんな部分が問われてきますか？

平岡　それには、各学校の校長先生のリーダーシップに加えて、教育委員会としてのビジョンがなければいけないと思います。宇城市では、「小中一貫教育推進計画」に基づいて、5つの中学校区でブロックを分けています。それぞれのブロックの複数の小学校でもそのビジョンを共有し、そして小中一貫教育に繋げましょうということです。教育委員会がそういったつながりのイメージを作りながら、先生方はどの校区の、どの学校にいけば自分の力を発揮できるか、きちんと選べる場所作りをしてあげなければいけない。ですから、先生方に「あの学校で教育をしたい」「あの小学校で自分の力を発揮したい」と言ってもらえるような、学校の魅力づくりも大事なんですね。小中一貫教育を作り上げる中で、教員の希望も踏まえながら、我々教育委員会としては適材適所にきちんと配置できるようにすることも必要です。

——学校をより魅力ある空間に変えていく上では、校長の運営方針を職員が共有することが必要だと思いますが、これまでのお話のように、子ども達を守り、育てるために協働していく上では、地域住民もそれを理解する必要がありますね。

平岡　まず国、県としての教育方針がありますから、校長先生にはそれを自分のフィルターを通してもらい、全職員が学び続けられる体制を構築し、「この学校はこうしよう」という協働への姿勢を広げてもらわなければなりません。そこは学校だけではなくて、家庭も社会も、バランスよく成熟させていくことが重要です。また、学校には地域の特性を反映した、創設以来の校訓がそれぞれにあります。校長は、ことあるごとにそれを教員や生徒達に話していると思います。そういった中で学校について私が思うことは、まず安全と安心が確保されていることと、子ども達はそこで「学びたい」、親はそこで「学ばせたい」、教員はそこで「働きたい」と思える空間にすること。命の教育を中心に据えながら、そういう学校に変えていってください、ということを校長会でも話しています。

――今までは、部活動も学校の魅力を形成する1つの要素だったと思いますが、宇城市役所そばの交差点には横断幕が何枚も掲出されていて、社会体育へ移行しても、その地域の子どもたちがスポーツや文化活動でも頑張っていることは、大人にとっても誇りを感じる大きな要因になっていくのではないかと思います。

平岡　たとえば、部活動での子ども達の好成績が地域の人たちに認めてもらえるようになるとか、顧問の先生を地域全体がリスペクトするとか、そういう空気はとても重要だと思います。我々が教員を評価するときに感じるのは、やっぱり、基本は人に集まるということなんですね。ですから、学校の先生もそういう人を連れてこないといけない。ただ数学を教える人ではなくて、数学を教える中でも「とびきりの先生」を連れてこないといけないんです。ただの体育の先生でなくて、とびきりの体育の先生を。その点で、いかにいい先生を配置できるかが、私の一つの仕事でもあると思っていますね。本物のオーラを出せる人間がどれだけ揃うかで、あっという間に学校は変わるということを、大津高校に勤務していたときに実感しました。先生方は何気なく授業に行っているつもりでも、子ども達には本気のオーラが見えるんです。それが教師力であり、学校の魅力になっていくものだと思います。

地域に役立つ人材育成

――これまでにうかがってきた取り組みのもと、地域で育った子ども達が、将来、いかに地域に役立つ人になっていくかをお聞きしたいのですが。

平岡　宇城市で育った青年達が、「たくさんの大人との関わりの中で育ててもらった、そういう経験をしてきたからこそ、大人になってその地域に貢献したい」と考えるのであれば、自分ができることで子ども達を笑顔で輝かせて、そのエネルギーで周りを変えていこうと行動を起こしてくれるでしょう。「この地域のこういった取り組みのおかげで今の自分がある」と感じるから、恩返しとして、「この場所でまた子ども達の笑顔を作り出そう」、そうやって、地元愛や学校愛をもって連続性がある作業をやり始めてくれることが一番ではないかなと思います。

――これまで教員を務められた熊本商業高校や大津高校で先生にサッカーの指導を受けた教え子の方達が、教員として指導者になるケースが多いのも、それと同じような構図のように思います。

平岡　そうですね。教師を目指す教え子はとても多く、彼らはこれまでの出会いの中で指導をしてくださった先生方と同じように、「子ども達に関わりながら、自分も成長したい」という思いを持っています。熊本県内の高校約60校のうち、15チームくらいで教え子たちが指導するようになっていますから、2回戦から決勝まで、教え子と対戦しなくてはいけないということが起きたりしますが（笑）、それも教師冥利につきることです。私1人のパワーで作れなかったものが、いい循環を作ることでDNAとして広がっていく。それが「平岡イズム」と言われるものかもしれません。私自身がどこにいっても理念やステイタスを変えずに広げることができたから、一定の安定感を作れているのだろうと思います。

――教員から教育長という立場になられたわけですが、サッカーの指導とは違う部分で、宇城市の職員や宇城管内の教職員に「平岡イズム」が広がっていくかもしれませんね。

平岡　「平岡イズム」があるとすれば、それは夢の実現に向けた「本気のオーラ」づくりです。親が「子どもが学校でうまくやっていけますように」と思うように、教師は「この生徒が社会に出て通用しますように」と思うものです。そういうふうに、本気の大人の関わりの中で自立していくと、子ども達も「自分はこういうことで活躍したい」という場所を探しながら、責任を作っていくことができるようになっていきます。そこには、憧れの選手や先輩、がいて、きちんとお互いをリスペクトしながら課題に立ち向かえる。子どもに関わる大人1人ひとりの役割が、どんどん広がりを作っていくという流れであって欲しいと思います。粘土を触り始めたら、子どもは時間を忘れますよね。好きこそものの上手なれで、好きで夢中になれるものがあれば、その子の個性や特徴が見えてきます。そこから、夢の実現に向けたサポートが始まるんです。そういう環境を、安心、安全に作ってあげることが、大人の役割なんだと思います。

――家庭でやるべきこと、学校で取り組むこと、地域でどうするかというのは、全てに共通する1つの軸があって、規模やアプローチの仕方が違うだけだと。

平岡　繰り返しますが、学校や教育委員会が、警察や児童相談所などの機関、地域と連携する際にも、連携して情報を共有するだけではなくて、連携は強化し、共有する情報の質を上げることが重要です。その2つができていれば、子ども達の命は救えるのではないかと思います。「連携しています」「情報は共有してます」で終わっているだけだと、命が失われてしまう。サッカーと同じです。強化することと質を上げることが重要で、現象を作っているだけではダメなんですね。強いチームは、連携し、共有していることがしっかり機能するからこそ、結果につながっている。一方で負けるチーム、失敗するチームは、連携していてもそのレベルが低かったり、共有の質が低かったりするから、ミスが起きる。私達の「本気のオーラ」によって「人材」を「人財」に進化させ、地域創生を担う子ども達の成長をしっかりと見守り続けていきたいものです。

子ども達の未来に触れているか？

――家庭と学校と地域についてうかがってきました。役割はそれぞれに違うなか、どのように連携していけば良いでしょうか。都市部と地方では人の距離が違うという話がありましたが、地域によっても事情は異なると思います。

平岡　人の距離感を近くするために全てをさらけ出すのがいいわけではなくて、地域にあるそれぞれの関係を活用して、子ども達を話の中心におきながら、「オール●●」で子どもを育てましょうということです。都会には都会の、田舎には田舎の良さがありますから、それを生かしましょうと。私は高校時代の3年間、東京都内で下宿生活を送りましたが、とても人情味のある地域でした。

――大都市の良さは、情報が早く、量も多いことだと思います。本物を見るという点でも、スポーツや文化に触れる機会は地方と比べれば圧倒的に多いです。

平岡　ただ、あふれすぎていて、努力しなくても様々な情報が入ってきます。逆に地方の場合は、情報の取捨選択や収集も、自分から進んでやらなくてはいけないでしょう。命を守るためのノウハウも、都会と田舎では原理が違ってきます。命を守るというテーマから逆算した時、子どもの安全を確保するために情報を広く共有したほうがいいのか、漏らさないほうがいいのか、名札をつけたほうがいいのか、つけないほうがいいのか。それは地域によって

全国高校サッカー選手権で優勝を果たした帝京高校時代。東京で３年間の下宿生活を送ったが、都会でありながらとても人情味のある地域だった

違うと思うんですね。

——それぞれにあった対応の仕方を見つけなければいけないわけですね。

平岡　何に対してリスクマネジメントするかで、生活は変わってきます。アマゾンやアフリカで暮らすなら、猛獣から身を守ることが優先されるでしょうし、紛争地域に住んでいても同様です。生活様式が違えば、命を守るという意味でリスクマネジメントの考え方が変わってくるわけです。ですから、「この人の近くにいれば安心だ」「ここにいれば大丈夫だ」という世界の作り方は、国によっても違うし、同じ日本でも地方地方で違うでしょう。

――その時、家と学校と社会の連携に必要なことは何でしょう?

平岡　お互いを信頼して、認めることだと思います。その上で、自分の子どもだけでなく、力を合わせて地域の子ども達をよくしていくというスタンスが理想的です。たとえば、地域に住んでいる教員を退職された人たちが、今頑張っている若い教員の文句を言い始めたら、信頼関係は成り立ちません。しかし逆に、経験値を生かして再任用されたり、地域共同活動に関わって開かれた学校の実現をサポートしてくれたりすれば、それが地域の力になっていきます。

――地域の人たちが持っている能力や知識を生かすということですね。

平岡「学校現場から離れたから、もう教育に関わらない」ではなくて、離れた後は地域住民として、子どもの健全育成に関わっていく。そうしたことを日常化していくことも大事ですし、どんな立場になっても、地域の子ども達のために何が必要か、常に考えることが重要だと思います。

――しかし、立場が違えばやはり意見が食い違うこともあるのではないでしょうか。学校に対して、必要以上に要望を出すような地域の方がいる場合もあります。

平岡　見送り三振よりも空振り三振、つまり何も対応しないより、できるだけ対応する方がいいかもしれません。対応せずにトラブルが起きれば大きな問題になりますから、家庭と学校、地域がしっかりと向き合って、受け入れる準備をすることが大事だと思います。あとは常識のレベルだと思いますが、「ここでの常識が他所では非常識」ということもあります。ですから、そういった場合に一番大事なのは、単独で対応しないことです。組織的に、複数で対応する。学校だけではなくて、地域や関係機関と連携して、その人に対してアプローチしていく、それが連携と協働だと思うんですね。1対1だと勢いに押されて屈してしまうようなことであっても、部屋を変えて複数で対応すれば、間違いが起きる確率を減らすことができます。大切なことは未然防止ですから、誤解が生じないよう、学校の取組や運営方法をしっかり練り上げて打ち出すことが大事だと思いますね。

――何かあった時だけでなく、何もなくても、学校ではこういう方針で、こんなことをやっていますと、情報発信することを日常化しておくと。

平岡　特色のある、魅力的な学校づくりのためにも、情報発信の日常化は重要です。どんな形でも情報を共有し、組織的に対応することが日常化されていれば、個人個人は安心できますし、間違いを減らしていくポイントになると思います。情報発信と組織対応を日常化し、そして、連携、協働を強化して、共有する情報の質を上げていけば、家庭や地域からの信頼が高まり、事故は少なくできるはずです。

――学校と家庭の連携という点では、ＰＴＡなどの活動はなかなか積極的に参加する保護者は少ないですよね。できるだけ大きな役目は避けたいという方が多いのではないでしょうか。

平岡　これは保護者が学校経営への参画意識を高めることが重要だと思います。何もせず、情報を受け取るだけではリアリティが低いですから、ＰＴＡ総会や授業参観に参加して、教師と面談する。そういう体験を増やすことによって家庭と学校の信頼関係は高まりますし、子どもとの関係の安定化にもつながっていくと思います。

――ＰＴＡに関しては、保護者の中にトラブルメーカーのような人がいるから、参加するのが面倒だというケースもありませんか？

平岡　大人が自分勝手に思うことによって不正解が出てくるわけで、そこで常に「子ども達の未来に触れているのか」というところに立ち返らなければいけないでしょう。子ども達の目線で考え、子どものためにという大前提があれば、そんなに間違った答えは出てこないのではないかと思いますし、論点がズレているようであれば、「これは子どもたちのためにやっている会議ですよ」というひとことで、みんな冷静になるものです。知恵を出し合えば議論になることも、エゴしか出てこなければ口論になります。だから、同じベクトルを向いて議論することが必要だし、子ども達の成長や、子どもの未来に触れているんだということを忘れずに考えることが、とても重要なんですね。それを「面倒なこと」で片づけてはいけないんです。

——何かあった時は常に、これは「子どもの未来に触れている」ことにつながっているかどうかを立ち返って考えれば、家庭と学校と地域がビジョンを共有して、ベクトルを揃えるべき方向が見えてくると。

平岡　子ども達の一心不乱に頑張っている姿を見たり、無我夢中になって取り組んでいることを通して成長するというイメージを持てば、何に対してもブレない方向性ができると思います。家庭の事情もそれぞれに違いますし、学校の特性も、地域性も違うでしょう。しかし、すべての環境下で「子ども達の未来に触れている」という点は共有しなくてはいけないと思います。「家庭でこういうことをやっているのに、学校は何もしてくれない」と思わせるような教育ではいけないし、「学校はこんな取組をして頑張っているのに、地域が何もしてくれない」と思わせる行政ではダメなんです。みんなが子どもの未来に対して一生懸命に努力するという「当たり前」の形が、家庭でも学校でも、地域でも「当たり前」になっていけば、子ども達の未来は変わっていくでしょう。子ども達は成功に輝き、失敗に磨かれて成長していきます。私達は「顔の見える関係」を地域につくり出し、子ども達の「夢を育み、夢を支える」ための場所づくりを、「年中夢求」という言葉を持って、実現していかなければいけないんです。

おわりに　サッカーの枠をこえて　井芹貴志

宇城市役所庁舎3階にある教育長室のドアは、不在時か来客時等でなければ基本的には常に開いている。約束の時間に部屋の前に行って挨拶すると、いつもにっこりと微笑んで招き入れ、「じゃあ、やりましょうか」と言って、すぐさま話の続きに入っていく。平岡教育長には今回も、公務の合間の時間を多く割いてもらい、Q&A形式で様々な質問に答えてもらった。

2017年に刊行した前作『凡事徹底～九州の小さな町の公立高校からJリーガーが生まれ続ける理由』では、平岡教育長ご自身の半生を紹介しながら、その指導哲学や、長く指導している熊本県立大津高校サッカー部の歴史について触れ、少なくない反響をいただいた。

「職業は教師、仕事は人づくり」という信条のもと、サッカーを通した人間形成に力を注ぎ、多くの生徒達を育ててきた経験に基づく考え方と説得力のある言葉が、広い支持を集めた大きな理由だったと思う。

それらは決してサッカー指導の現場のみにおいて有効なものではなく、その他のスポーツ指導や家庭での教育にも当てはまるはず——そうした思いは前作の執筆時から持っていたが、こんどはより幅広い層にも届くようなテーマで、話を聞いてまとめる機会に恵まれた。

私からの問いかけがどんなに的外れで、初歩的で、あるいは繰り返しの質問になったり、分かりにくかったりしても、丁寧に、真摯に、そして時折、得意の冗談を交えて、答えていただいた。

教育長になって3年目に入り、学校現場とはまた違った種類のストレスやプレッシャー、責任の大きさを日々感じておられる様子でもあるけれど、同時に、教員の立場では味わえないような大きなやりがいを、自らを成長させるための好機として楽しんでおられるようでもある。

そうした現在の立場を踏まえると、より深い専門的な知識や経験が求められるデリケートなテーマを取り扱うことで、回答いただく上でも随分と配慮してくださったのではないかと思う。実際には、話してもらった通りを文字にすると曲解されかねない刺激的な表現も、一部にはあったと思う。したがって、文字に起こし、テキストとして読んでもらうスタイルをとるにあたって、そういった部分は、あえて取り除いたところもある。

しかし平岡教育長の話を料理に例えると、そうしたエッセンスはある意味、味に深みを与えるスパイスや薬味のようなものであって、それがあるからいっそう、旨味が増したり、話が響いたりする効果がある。

地方都市の教育長であり、熊本県のみならず九州、西日本屈指の強豪である大津高校サッカー部の総監督であり、さらには日本サッカー協会の技術委員という肩書きもあって、壁に掲げられた予定表がぎっしり埋まるほど毎日忙しく飛び回っておられる状況を考えると、つかまえるのは本当に難しい方だと思う。それでも、本書をお読みいただいた皆さんの中で、じかにその言葉を聞きたいという保護者や現職の先生方がおられたら、是非機会を設けて講演に招いてもらい、その真髄に触れていただきたい。きっと、目からウロコの価値ある話が聞けるに違いない。

最後になりましたが、前作に続いて出版企画を実現して編集を担当してくださった内外出版社の津野実さんに、「今回も遅れて申し訳ありません」と頭を下げながら、御礼申し上げます。

平岡和徳(ひらおか・かずのり)

1965(昭和40年)7月27日生まれ。

熊本県下益城郡松橋町(現・宇城市)出身。松橋中学校―帝京高校―筑波大学体育学群卒。

高校時代には名門・帝京高校サッカー部の選手・主将として2度の全国制覇を果たすと、筑波大学進学後も主将として総理大臣杯準優勝や関東大学リーグ優勝などの戦績を残す。

大学卒業後は熊本商業高校で5年間指導。1993年から大津高校へ赴任。同校を高校サッカーを代表する強豪校に育て上げ、さらに50名近いJリーガーを輩出。

日本高校選抜の監督を務めるなど多方面で人材育成に尽力。その指導力には全国から注目が集まり学校や企業での講演もこなす。

日本サッカー協会技術委員会(日本代表強化部)にも籍を置き、日本オリンピック委員会強化スタッフとしての委嘱を受ける。

2017年4月、宇城市教育長に就任。

年中夢求
「夢を叶える力」「よりよく生きる力」の育て方

発行日　2019年 6月25日　第1刷
著　者　平岡和徳
編集・構成　井芹貴志
発行者　清田名人
発行所　株式会社内外出版社
〒110-8578 東京都台東区東上野2-1-11
電話　03-5830-0368　(企画販売局)
電話　03-5830-0237　(編集部)
https://www.naigai-p.co.jp
印刷・製本　中央精版印刷株式会社

ISBN 978-4-86257-470-1　C0075

定価・本体1400円＋税
ISBN9784862573148

凡事徹底

九州の小さな町の公立高校から Jリーガーが生まれ続ける理由

井芹貴志 著

人口3万5000人弱の小さな町にある普通の公立高校・熊本県立大津高校。

時間は有限、使い方は無限。24時間をデザインするサッカー部の1日の練習は100分。

当たり前のことを人並み以上にやり抜く、「凡事徹底」の理念のもと、同校をインターハイ、高校選手権の常連に育て上げ、巻誠一郎、土肥洋一、谷口彰悟、車屋紳太郎、植田直通など、50名近くのJリーガーを輩出してきた名指導者・平岡和徳のチームマネジメントと人づくりに迫る。

定価・本体1500円＋税
ISBN9784862574398

子どもの本気と実力を引き出すコーチング

立木幸敏・前川直也 著

子どもの本能・心理に働きかけ安心感をもたらすコーチング。このチームにいると安心できると思わせるチームビルディング。

脳しんとう、熱中症、AEDの取り扱い等のイザという時のための安全管理の知識。

子どもの安心と安全を守り力を引き出す、指導者・保護者必読の1冊。